CONSOLACIÓN A MARCIA

SÉNECA

CONSOLACIÓN A MARCIA

Traducción y edición de
José Patricio Domínguez Valdés

Herder

Título original: Ad Marciam de Consolatione
Traducción: José Patricio Domínguez Valdés
Diseño de la cubierta: Stefano Vuga

© 2026, *Herder Editorial, S.L., Barcelona*

ISBN: 978-84-254-5326-7

Imprenta: Sagrafic
Depósito legal: B-1022-2026

Printed in Spain – Impreso en España

Herder
www.herdereditorial.com

Índice

Introducción 9
  Una mujer valiente de luto 9
  Sanar con palabras 14
  La pasión como error 19
  Una terapia a la medida 27
  El filósofo como «psicólogo» 35
  Esta traducción 39

Consolación a Marcia 41
  Séneca

  I. 43
  II. 50
  III. 54
  IV. 58
  V. 62
  VI. 65

VII. 67

VIII. 70

IX. 71

X. 75

XI. 79

XII. 83

XIII. 89

XIV. 92

XV. 95

XVI. 98

XVII. 106

XVIII. 112

XIX. 117

XX. 123

XXI. 130

XXII. 135

XXIII. 143

XXIV. 147

XXV. 151

XXVI. 154

Introducción

El lamento moderado es el derecho de los muertos.
El luto excesivo es el enemigo de los vivos.

Shakespeare

Una mujer valiente de luto

Cuando Séneca escribe esta obra, una de sus primeras, Marcia era ya una mujer famosa por su valentía. Aproximadamente quince años antes había dado muestras de un increíble coraje al desafiar al poder político vigente salvando de la censura (más aún, de la pira) los libros de su padre, el perseguido político e historiador Cremucio Cordo. El caso fue como sigue: corría el año 25 de nuestra era. El emperador Tiberio estaba ya mentalmente apartado del poder, presto para abdicar y retirarse a la isla de Capri, donde daría, en palabras de Suetonio, «rienda suelta a todos los vicios que antes apenas mantenía ocultos».[1] El vacío de poder había sido llenado por su fiel ayudante Sejano, quien ejercía un gobierno del terror sostenido por espías y delatores. Sejano se encargó de perseguir violentamente a los críticos de Tiberio (o del régimen imperial en general), quienes, como Cremucio Cordo, el padre de Marcia, miraban con nostalgia el perdido orden republicano y consideraban que el actual era insufriblemente despótico.

La actitud altiva de Cremucio Cordo (no ahorró ocasión para referirse sarcásticamente a Sejano en público y burlarse de

1.   Suetonio, *Vida de los Césares. Tiberio*, 42.

las estatuas que se hacía erigir) enfureció a Sejano, quien, a través de su red de delatores y acusadores, logró que Cremucio fuese acusado de un crimen de lesa majestad, cuya pena era la muerte y la confiscación de toda su propiedad. Si Cordo era declarado culpable, los delatores obtendrían una cuantiosa recompensa por haberlo delatado. Sejano, en efecto, había entregado a Cordo como «dádiva» a sus secuaces (*Ad Marciam* XXII). Para evitar el juicio de *maiestas* y no darles el gusto a sus enemigos, Cremucio Cordo se encerró en el cuarto de su casa y se abstuvo de comer durante varios días hasta morir. Sus libros fueron quemados y se intentó borrar su nombre para siempre.

Sin embargo, su hija Marcia conservó copias de sus libros y algunos años más tarde pudo reivindicar la obra y la fama de su querido padre. Los tiempos habían cambiado: en el año 37 d. C. asumía el principado un joven de 25 años, Cayo (Calígula), con ganas de acabar con el terror del principado anterior. Se desmantelaron las redes de informantes y los juicios de lesa majestad. Se puso a la añorada *libertas* de nuevo en su sitio. Los historiadores maltratados, como Cremucio Cordo y tantos otros, fueron objeto de rehabilitación pública. Séneca celebra que ahora (es decir, cuando escribe esta *Consolación*) el público pueda acceder a las obras de este gran hombre, modelo de las antiguas virtudes romanas: libertad de espíritu, elocuencia, franqueza (*Ad Marciam* 1). Si Marcia no hubiese tenido el coraje —la «hombría», dice Séneca— que mostró, la vida y la obra de este hombre notable se habrían perdido para siempre.

Y, sin embargo, parece que la fortaleza y grandeza de ánimo (*robur animi; magnitudo animi*) han abandonado a Marcia. Quien fuera otrora una hija valiente es ahora una madre que no puede superar el luto. Marcia pierde a su querido hijo Metilio y se hunde en una congoja que lleva tres años. Ni el paso del tiempo, ni el estudio, ni los consuelos de parientes y amigos parecen hacer mella en la tristeza que ha echado raíces en el alma de Marcia y que amenazan con transformarla en una mujer amargada, quejumbrosa, una especie de sombra negra que vaga por las calles de Roma obsesionada con la idea de que el destino la ha hecho la mujer más desgraciada del mundo.

Sanar con palabras

No sabemos si Marcia le pidió consejo a Séneca o él mismo tomó la iniciativa para escribirle a esta mujer noble (y a través de ella, a todos los que han sufrido una pérdida dolorosa) una *Consolatio*, pieza retórico-filosófica cuyo fin es lidiar con el dolor o el temor que produce una desgracia, como la muerte de un ser querido (o la inevitable muerte propia), la enfermedad, la pobreza o el exilio. Sea como fuere, con esta obra Séneca logró posicionarse no solo como un referente intelectual y «médico de almas» de la élite de su tiempo, sino que se sumó al elenco de autores de varias épocas que han descollado en la composición de Consolaciones, desde la Antigüedad hasta el Renacimiento, desde Crántor (siglo III a. C.) hasta Tomás Moro (siglo XVI), pasando por escritores de la talla de Cicerón,

Ovidio, Plutarco, san Basilio, san Agustín, Boecio y Juan Gerson.

El consolar a una persona doliente mediante palabras, naturalmente, no es un invento de la filosofía, sino una práctica natural que ha acompañado a pueblos y culturas desde los tiempos primigenios. La literatura antigua ya nos entrega un discurso consolatorio al final de la *Ilíada*. Aquiles recibe a Príamo, el doliente padre de Héctor, a quien él mismo ha dado muerte, y en pocos versos nos ofrece algunos tópicos que serán reelaborados en la literatura consolatoria posterior: el llanto es inútil porque no revive a los difuntos; la condición mortal es dolorosa; la muerte es un destino ineludible (*Ilíada* XXIV, 517-551). Más atrás, en el libro XV, Homero nos cuenta que Patroclo, otro gran personaje de la guerra de Troya, conversaba así con su amigo Eurípilo:

Lo distraía con la charla, mientras
[en la luctuosa herida
espolvoreaba medicinas para remediar
[los negros dolores.

(Ilíada XV, 393-394)

Es llamativo que desde antiguo las palabras para mitigar las tristezas hayan sido consideradas como remedios. El texto de Homero utiliza los términos *phármaka* (remedios) y *akésmata* (curaciones) para referirse a las palabras de Patroclo. Un estoico como Séneca no podría haber estado más de acuerdo con la metáfora médica para referirse a la tristeza, puesto que para la Estoa toda emoción enraizada en el ánimo es una *enfermedad* que ha de ser curada. Y la terapia para curar las enfermedades anímicas no es otra que la filosofía. Un siglo antes de Séneca, Cicerón había expresado esta antigua idea de origen presocrático que influyó fuertemente en el estoicismo:

> Existe realmente una medicina del alma: la filosofía. Su auxilio no debemos buscarlo fuera de nosotros, como en el caso de las enfermedades del cuerpo, sino que debemos procurar todas nuestras fuerzas y recursos en ser capaces de curarnos a nosotros mismos. (*Disputas Tusculanas* III, 6)[2]

Pero volvamos al caso de Marcia. ¿Cuál es su enfermedad? No es la tristeza a secas por haber perdido a su hijo. Séneca —cons-

2.   El paralelismo entre medicina y enfermedad corporal, por un lado, y filosofía y «enfermedad anímica» o «sufrimientos», por otro, parece remontarse a Demócrito, filósofo más o menos contemporáneo de Sócrates. Cf. Diels-Kranz B 31. Zenón, el fundador del estoicismo, consideraba que la filosofía era un «arte capaz de sanar las enfermedades del alma» (SVF I, 323).

ciente de que el estoicismo tiene fama de ser excesivamente duro; de ser «poco empático», diríamos hoy— no quiere privar a Marcia de la reacción natural de una madre ante la muerte de un hijo. El problema que ve Séneca en Marcia es que aquel primer golpe emocional producido por la pérdida se ha transformado en un estado permanente, en una costumbre (*consuetudo*). Marcia sigue inmersa mentalmente en el funeral de su hijo, aunque hayan pasado tres años. Hasta encuentra placer en revolcarse en su propia amargura. Y lo que es peor: este luto perpetuo la tiene alienada, olvidada de su papel (su *persona* en sentido clásico) como mujer aristocrática y ser humano. En cuanto mujer noble, el mundo espera de ella que sea modelo de virtudes como la constancia y la fortaleza: estar a la altura de las antiguas heroínas romanas, como la antigua Clelia o la más reciente Cornelia. Y en cuanto ser humano, Marcia sigue siendo, pese a la muerte de su hijo Metilio, un ser relacional: tiene hijos que viven todavía, nietos, amigos. El olvido de la propia *persona* la tiene convertida casi en una «desadaptada social». Y parece imposible sacarla de allí.

La pasión como error

¿En qué consiste el sentimiento que embargó a Marcia y que hoy ya es un hábito morboso inveterado? Antes de responder a esta pregunta, es necesario tener en cuenta que Séneca no desarrolla aquí explícitamente una «teoría de las emociones». No se discute en detalle si las emociones son juicios o si tienen un componente de juicio; cuáles son sus etapas (por ejemplo, cómo se pasa de la simple reacción anímica al asentimiento voluntario); si el alma tiene partes o no, etcétera. Tales discusiones, que Séneca conocía muy bien, formaban parte de los apasionados debates en el seno de la escuela estoica.[3] No es este el lugar para exponerlas ni para tomar partido por algunas de las posiciones allí expuestas, sino para explicar algunos de sus puntos principales

3.   En efecto, dentro de la escuela estoica existían disensos acerca del estatuto de las pasiones y su terapia. De acuerdo con fuentes antiguas, la mayoría de ellas indirectas, Crisipo sostenía que las pasiones eran juicios. Otros estoicos sostenían que las pasiones eran movimientos anímicos causados por juicios, no los juicios mismos. En el otro extremo, fuentes antiguas (aunque hostiles al estoicismo) reportan que el estoico Posidonio (nacido el 135 a. C.) habría explicado las pasiones desde el esquema de un alma tripartita, al modo de Platón, apartándose así de un principio fundamental de la Estoa, para la cual el alma no posee partes en conflicto.

a fin de comprender el trasfondo de esta consolación, cuyo fin —vale la pena repetirlo— no es explicar una emoción, sino extirparla mediante el cambio de juicio.[4]

Los estoicos, al igual que muchas otras escuelas filosóficas de la Antigüedad, piensan que el fin último del ser humano, aquello hacia lo cual tienden todos sus afanes y elecciones, es la felicidad (*eudaimonía*). La felicidad es concebida como un estado pleno del hombre según la razón, el *lógos*, entendido en un doble sentido: por un lado, como aquella capacidad humana que nos hace superiores a los animales, y

4.   Lo mismo puede decirse acerca de la carta 116 a Lucilio, donde Séneca se muestra más preocupado de que Lucilio no deje que el primer impulso «natural» (por ejemplo, la tristeza ante la muerte de un amigo) se transforme en un afecto que de explicar qué es un afecto.

por otro, como la Razón (con mayúscula) que gobierna toda la naturaleza. El hombre plenamente feliz, el sabio, vive de acuerdo con el *lógos* en este doble sentido: sus acciones están gobernadas por la virtud y está inserto armónicamente en el universo.

Sin embargo, la virtud es un resultado o el fruto de un proceso. No nacemos justos, ni valientes, ni moderados, ni sensatos. Nacemos con una inclinación natural a ser felices como individuos y dotados de una natural benevolencia por los demás, dirán los estoicos, pero también nacemos con apetitos o emociones (*páthe* en griego, término que Cicerón traduce muy elocuentemente como *perturbationes*) que obstaculizan la adquisición de virtudes, nos impulsan a los vicios y trastornan nuestra existencia, como el temor que nos paraliza, los deseos que nos enceguecen y degradan, la ira que destruye nuestras relaciones, la tristeza que nos abate.

¿De dónde surgen estas emociones, y qué son en realidad? Muchos estoicos piensan que las emociones, como el luto que embargaba a Marcia, son juicios, es decir, afirmaciones por las cuales damos «asentimiento» a una «impresión», cierta visión de las cosas. Marcia pierde a su hijo Metilio. Esta muerte la sacude: la ausencia de su hijo, el recuerdo de él, las ganas de tenerlo de vuelta, la triste imagen de su cadáver, las esperanzas perdidas sobre su brillante futuro, el temor de verse indefensa, etcétera, hacen que su ánimo se encoja y la sumen en un estado subjetivo de disgusto con la existencia misma. Este impacto, que tiene varios nombres («presentación» o «impresión» son algunos de ellos), no depende de Marcia, según Séneca, sino que es una reacción natural, algo que a ella *le sucede* (*Ad Marciam* V). Sin embargo, esta impresión hace que la mente formule el siguiente juicio: «Perder un hijo es malo, y es correcto que yo me entristezca ante este mal».[5]

Séneca piensa que este es el momento decisivo en que el ser humano se vuelve sabio o arruina su carácter. El que se ve impactado por el dolor se halla en la siguiente disyuntiva: o bien concibe que la muerte no es un mal en sentido estricto (pues lo único malo, piensa el sabio, es el vicio) y rechaza esta impresión, o bien cede impulsivamente ante la fuerza de ella y le da asentimiento a la proposición que dice que perder a un hijo es malo y que lo debido es entregarse a la aflicción (apartándose así de

5.   Para un análisis de las etapas de la pasión de la ira (pero aplicable a cualquier otra pasión), véase Séneca, *Sobre la Ira*, libro II.

la doctrina del sabio, que dice que solo el vicio es malo). Quien voluntariamente le da asentimiento a aquella proposición cae entonces en un estado irracional (el duelo, *luctus*) que se apodera del alma y que con el tiempo desarrolla una propensión que los estoicos griegos llamaban *epilypía* (tristeza permanente) y que nosotros bien podríamos traducir como «depresión».[6] Esta depresión se manifiesta, entre otras cosas, en aquel estado anímico que hoy llamamos «anhedonia», esto es, la incapacidad de disfrutar de cosas que normalmente causan

6. El término latino para *epilypía* es *molestia*, definida por Cicerón, siguiendo a los estoicos, como *aegritudo permamens* (tristeza permanente; *Disputas Tusculanas* IV, 18). El término *molestia*, cuyo origen remite al sustantivo *moles* (masa, carga), describe bien un rasgo de lo que llamamos depresión, a saber, la vivencia de hallarse bajo un peso enorme, un yugo gigantesco.

placer. Marcia ha cedido voluntariamente a este primer impulso y ahora este se renueva día a día. Es una herida que se ha convertido en úlcera, de suerte que al médico solo le queda meter el bisturí hasta el fondo y eliminar el foco infeccioso de raíz, aunque duela en extremo.

Pues Marcia cometió el error, como le dirá Séneca más tarde a su discípulo Lucilio, de abrir las compuertas a un torrente que luego cuesta controlar: «Si permites que la pasión comience, no lograrás que se detenga».[7] Ahora Marcia se parece a la mítica reina Artemisa, esposa de Mausolo, quien vivió todos los días de su vida reavivando el ímpetu del «primer *shock*».[8]

7.   Séneca, *Carta a Lucilio* 116, 2: *non obtinebis ut desinat si incipere permiseris.*

8.   Véase Cicerón, *Disputas Tusculanas* III, 75.

Una terapia a la medida

Séneca, que en esta consolación hace las veces de abogado y médico, abriga la esperanza de que Marcia deponga definitivamente el luto (y esto significa en concreto que cambie de juicio acerca de su realidad), se reconcilie con el destino y se entregue a las «buenas emociones» (*eupátheiai*), las únicas dignas del sabio.[9] El sabio estoico no experimenta pasiones como el temor, la tristeza o el placer porque ha internalizado constantemente la idea fundamen-

9. Las pasiones positivas son: el gozo, el deseo racional y la cautela. Cada una de ellas es como la «buena versión» o la contraparte de una pasión a secas: el gozo del placer, el deseo racional del apetito y la cautela del temor. Los estoicos no reconocían una contraparte de la tristeza, una «tristeza buena», pues el único mal digno de tristeza es el vicio moral, del cual carece el sabio.

tal de que lo único bueno es la virtud y lo único malo es el vicio, y que todo lo demás (salud, enfermedad, riqueza, pobreza, fama, infamia) son cosas «indiferentes». Que sean indiferentes no significa que al sabio «le dé igual» estar enfermo o estar sano, vivir bajo un tirano o en una ciudad libre —de hecho, reconoce que lo segundo es preferible a lo primero—, sino que concibe estas cosas como neutras desde el punto de vista de la verdadera felicidad. Este desapego ante el mundo le permite no verse afectado por estos supuestos bienes y males, y lograr la *apátheia*, que no es insensibilidad, sino la serenidad del hombre que está más allá de los vaivenes de la fortuna.[10]

Pero Marcia —como probablemente todos nosotros— está lejos de poseer esta

10.   Véase Séneca, *Carta a Lucilio* 9, 3.

sabiduría. Su mente se halla alejada de los «preceptos rigurosos» de la Estoa, y por lo tanto es contraproducente exhortarla de buenas a primeras al ideal de la *apátheia* mediante la estricta demostración filosófica acerca del bien supremo o del destino omniabarcante. Séneca diseña, por ende, una terapia progresiva para que Marcia cambie su juicio acerca de la realidad, cuyos ejes principales son los siguientes: (i) avance progresivo desde la *metriopátheia* (moderación de las pasiones) hasta la *apátheia* (liberación de las pasiones) e (ii) inversión del binomio preceptos-ejemplos.

Para lograr lo primero, Séneca le concede a Marcia de buena gana que el luto tiene razón de ser: no sería normal que una madre no llorara a su hijo. La clave, insiste Séneca, es que ese luto natural y esperable de una madre sea *moderado*, es decir, tenga un *mo-*

dus (medida; *Ad Marciam* III). ¿Existe una receta, una fórmula exacta para determinar esta medida? No, pero sí existe un *criterio*, dirá Séneca: la naturaleza. Los animales, por ejemplo, pierden a sus crías y sufren por ello, pero no se quedan rumiando la muerte ni se deprimen (*Ad Marciam* VII). Lo natural es experimentar el golpe brevemente: todo lo demás es un producto artificial de nuestras creencias y decisiones, que forman en nosotros una disposición moral (*consuetudo*) que funciona como el prisma desde donde interpretamos nuestro padecer. Quien se ha forjado un carácter valeroso sufrirá, pero por un tiempo breve, como lo han hecho hombres y mujeres de carne y hueso, como el pontífice Pulvilo, Paulo, César Augusto, las dos Cornelias (*Ad Marciam* XIII-XVI).

Por eso ya es un gran avance que Marcia comprenda que el luto no puede ser perpetuo. En primer lugar, porque no sirve para nada: por mucho que lloremos a un difunto este no volverá a la vida (*Ad Marciam* VI); y en segundo lugar, porque el luto perpetuo perturba las facultades mentales e inhabilita al hombre para sentir otras buenas emociones. Séneca, en efecto, no intenta quitarle a Marcia su capacidad de sentir, sino que quiere reemplazar el luto por el *gaudium*, el gozo por haber tenido un hijo tan virtuoso, gozo porque su hijo se encuentra en un mejor lugar, liberado definitivamente de este mundo, donde nada es seguro, pues abundan los desastres naturales, reina la tiranía y gobiernan los déspotas como Sejano, que hacen sufrir injustamente a los buenos como Cremucio Cordo. Séneca quiere que Marcia vuelva a disfrutar, que vuelva a gozar los «placeres honestos y permitidos» (*voluptates honestas, permissas; Ad Marciam* III):

por ejemplo, el dulce recuerdo de su hijo, la lozanía actual de sus nietos, la certeza de que Metilio está en un lugar mejor, liberado de las cadenas del cuerpo (*Ad Marciam* XXIV).

En la *Consolación a Marcia*, Séneca retoma el núcleo de toda argumentación consolatoria de la Antigüedad: esta vida es tan dura, está tan llena de sufrimientos y pesadumbres, que la muerte en realidad es un bien, pues posibilita el tránsito hacia una vida mejor.[11] No se trata de difamar esta vida y de quitarle valor: Séneca insiste en que la vida humana tiene mil maravillas que ofrecer, como el asombroso espectáculo de la Naturaleza, que nuestro autor, como experto conocedor de la *physis*, es capaz de describir con suma maestría (*Ad Marciam* XVIII). Sin embargo, la vida humana la-

11.   Véase Platón, *Apología de Sócrates* 40a ss.

mentablemente no es un paraíso natural de hermosos ciclos cósmicos y armonía, sino que también existen la maldad, la enfermedad y las emociones violentas. Lo maravilloso y lo doloroso se hallan indisolublemente entremezclados:

> Allí también habrá miles de desgracias para las almas y los cuerpos, guerras, saqueos, venenos, naufragios, inclemencias del tiempo y del cuerpo, añoranza punzante de tus seres queridos y la muerte, que no sabes si llegará de forma natural o mediante torturas y castigos. Medita contigo mismo y sopesa bien lo que deseas: para llegar a las cosas maravillosas, has de pasar por las dolorosas. (*Ad Marciam* XVIII)

El segundo aspecto de la «terapia a medida» para Marcia consiste en invertir el método usual de argumentación moral, que va desde la teoría (los *praecepta*) y termina en los ejemplos prácticos. Aunque Marcia está sumida en una depresión, su capacidad de discernimiento no está trastornada: es capaz de adherirse afectiva e imaginativamente a una *auctoritas* (un ejemplo vivo de virtudes) que objetivamente la guíe por el camino de la sabiduría. Por eso, antes de persuadir a Marcia con argumentos sobre la imperturbabilidad del sabio, Séneca le propone ejemplos vivos de mujeres que han llevado el luto de maneras opuestas, y la invita a elegir el más atractivo (*Ad Marciam* II-VI). Apelando a la imaginación y a los afectos antes que al razonamiento abstracto, Séneca se comporta aquí como un terapeuta flexible, atento sobre todo a la condición actual de su paciente.

El filósofo como «psicólogo»

A los lectores contemporáneos nos suele llamar mucho la atención la amplitud de las funciones de un filósofo en la Antigüedad. La figura de un Ario (el consejero y director espiritual del emperador Augusto mencionado en esta obra), o del mismo Séneca, nos causan extrañeza. Asociamos el concepto de «filosofía» o la imagen del filósofo a las aulas universitarias, los razonamientos abstractos y los libros para especialistas. Esta imagen no es completamente errada, incluso tratándose de filósofos antiguos, pues en todas las escuelas (incluyendo aquellas que hoy, con fines publicitarios, son motejadas de «filosofía de vida», como el estoicismo o el epicureísmo, en oposición a la filosofía como tarea de especialistas) existe, desde luego, un espacio amplísimo para la especulación abstracta y altamente técnica. La diferencia entre la filosofía antigua y la filosofía contemporánea estriba más bien en que la primera se entendía a sí misma como un saber mucho más abarcante o «polifuncional» que la segunda.

Para comprender esta polifuncionalidad de la filosofía antigua imaginémonos un caso parecido al de Marcia: una mujer actual pierde a su hijo y al cabo de un tiempo se ve sumida en una profunda depresión. ¿A quién acude? ¿Cómo sale de allí? Además de los consuelos normales que ofrece el sentido común (la amistad, las sanas distracciones), esta persona acudirá probablemente al psicólogo, al terapeuta, y si es religiosa, pedirá consejo espiritual a quien cumpla la función de «cura de almas» en su comunidad (por ejemplo, un sacerdote, un rabino, un pastor). Pero no se le ocurriría nunca acudir *a un filósofo*. Durante muchos siglos, sin embargo, la filosofía cumplía las funciones que hoy atribuimos a la psicología, a la religión e incluso a la tan de moda «autoayuda». Su alcance era global, porque se comprendía a sí misma, como ha mostrado insistentemente Pierre Hadot, como una «forma de vida».[12]

Teniendo esto en mente podemos comprender por qué un filósofo como Séneca (o como Ario, un siglo antes) tenía la capacidad de producir una terapia contra el luto que aunara tantos aspectos: los consejos concretos y muy prácticos para paliar la tristeza, los razonamientos éticos orientados a una norma de vida, los ejercicios imaginativos para aceptar la dureza de la vida y los discursos metafísico-escatológicos para desear la muerte como liberación de las penurias

---

12.   Pierre Hadot, *¿Qué es la filosofía antigua?*, México, FCE, 1998.

de esta vida y como cumplimento de la profunda tendencia humana a la plenitud.

¿Es deseable volver a esta forma de comprender la filosofía? Sería ciertamente un despropósito no reconocer la esfera propia de la psicología, la psiquiatría o la espiritualidad, y añorar una época en la que el filósofo era a la vez un científico, un consejero práctico, un terapeuta y un director espiritual. Sin embargo, creo que la práctica estoica (y «antigua» en un sentido más amplio) de la filosofía como «modo de vida» sí podría aportar algo a la psicología y a la filosofía actuales: a la psicología podría aportar una mirada humanista que sirva como arma ante la tentación reduccionista de ver la dolencia psicológica como algo desconectado de la ética y la visión de mundo del paciente; y a la filosofía podría sacudirla de su asepsia academicista, que muchas veces la tiene encerrada en «meta-teorías» éticas y la incapacita para conectarse con las preocupaciones morales concretas de una Marcia o un Lucilio.

Esta traducción

Esta nueva traducción de la *Consolación a Marcia* de Séneca ha sido hecha a partir del texto latino establecido por L. D. Reynolds (L. *Annaei Senecae Dialogorum*, Oxford, 1977). También he consultado el texto crítico de René Waltz en la colección Budé (París, Belles Lettres, 1975). El comentario más útil y acucioso de esta obra de Séneca es el publicado recientemente por Fabio Tutrone: *Healing Grief. A Commentary on Seneca's Consolatio ad Marciam* (Berlín, De Gruyter, 2023). A Tutrone le debo innumerables pistas de interpretación que ayudan a comprender a Séneca como un autor activamente involucrado en la herencia filosófica, historiográfica, científica y literaria de la Antigüedad grecorromana. La edición de Alfonso Traina (texto latino y traducción, BUR, 2019) también ha sido de gran ayuda, sobre todo en las numerosas lagunas del texto latino.

Agradezco a todos los amigos y colegas que han leído y comentado esta traducción: Braulio Fernández, Vicente Silva, Gastón Robert, Juan Manuel Guzmán, María del Rosario Escobar, Sofia Lombardi, Joaquín Domínguez, Gustav Thomann, Rafael Simian, Trinidad Silva y Nicolás González. Gracias a todos ellos este texto se ha vuelto más comprensible y ha recuperado, espero, la fuerza poética y retórica que Séneca quiso imprimirle.

CONSOLACIÓN A MARCIA

I

[El duelo de Marcia][1]

Si yo no supiera, querida Marcia, que te hallas tan lejos de la típica debilidad del ánimo femenino como de los demás vicios, y que tu carácter es visto como un venerable ejemplo de vida, no me atrevería a enfrentar tu dolor —ese dolor al que también se aferran los varones y cultivan dentro de sí gustosamente— ni abrigaría la esperanza de que absolvieras a tu fortuna en circunstancias tan malas, con un juez tan áspero y bajo una acusación tan odiosa.[2] Pero la con-

---

1. Estos títulos entre corchetes no están en el texto de Séneca, sino que los he puesto para facilitar la lectura de la obra.

2. Séneca muestra su esfuerzo consolatorio como el de un abogado que intenta defender a una acusada

fianza me la ha dado tu fortaleza de ánimo ya demostrada y tu arrojo confirmado en una dura prueba.

No es un misterio para nadie cómo te comportaste con tu padre, a quien amaste no menos que a tus hijos, con la diferencia de que no deseabas que él te sobreviviese; aunque no sé en realidad si lo deseaste, pues un gran amor de hija se permite algunas veces contravenir las costumbres corrientes. Trataste de impedir con todos los medios el suicidio de tu padre, Cremucio Cordo.[3]

(la fortuna) y lograr así la reconciliación con su acusadora (Marcia), pese a las circunstancias adversas del caso: el tiempo no parece propicio (Marcia sigue de luto después de tres años), el juez es áspero (Séneca mismo es un duro médico) y la acusación es visceral (la fortuna es acusada de ser injusta con Marcia).

3.   Aulo Cremucio Cordo (m. 25 a. C.), el padre de Marcia, fue un político e historiador romano condenado a muerte durante el reinado de Tiberio por

Cuando se te hizo evidente que la muerte era su única forma de escapar a la esclavitud de los secuaces de Sejano, no apoyaste su decisión, sino que te diste por vencida, lloraste en público tragándote tus gemidos, aunque sin posar con un rostro alegre. Y todo en aquella época, cuando un gran afecto a los demás consistía simplemente en no hacer nada inhumano contra ellos.[4]

---

haber reivindicado a las figuras republicanas de Casio y Bruto (líderes de la conspiración contra Julio César) en desmedro del mismo Julio César y de Augusto, y por haberse enemistado públicamente con Sejano, gobernante de facto durante el principado de Tiberio. Para evitar ser ejecutado, Cremucio Cordo se dejó morir de inanición. El Senado mandó quemar sus obras, pero su hija Marcia desafió valientemente este mandato y conservó algunas copias.

4.   Séneca se refiere al principado de Tiberio (14-37 d. C.), caracterizado por intrigas palaciegas, conspiraciones entre familiares y luchas sangrientas. Sejano fue jefe de la guardia pretoriana de Tiberio y ejerció un

Sin embargo, cuando los tiempos cambiaron y se dio la oportunidad,[5] divulgaste el talento de tu padre, que había sufrido la censura, lo rescataste de su verdadera muerte y devolviste sus libros a la memoria pública, aquellos libros que este hombre valeroso había escrito con su propia sangre. Prestaste un gran servicio a la cultura romana, pues la mayor parte de aquellos libros había sido quemada; y también a los sucesores, a quienes llegará el testimonio insobornable de los hechos que le costó un enorme precio a su autor. Un gran servicio le prestaste a aquel, cuyo recuerdo perdura

---

régimen del terror, sobre todo durante los años de su principado, cuando vivía retirado en la isla de Capri.

5. Alusión al comienzo del principado de Calígula (37 d. C.), cuando se permitió la divulgación y lectura de los historiadores censurados bajo Tiberio, como Cremucio Cordo, Tito Labenio y Casio Severo.

hoy y perdurará mientras el conocimiento de la historia romana sea apreciado, mientras exista alguien que quiera volver a las hazañas de los antepasados, mientras alguien quiera saber qué es un hombre romano, qué es un hombre indómito, cuando todos estaban abatidos y bajo el yugo de Sejano, qué es un hombre libre de carácter, de alma y de mano. ¡Por Hércules, qué gran daño habría sufrido la República si no hubieses sacado del olvido aquellas dos cosas bellísimas: la elocuencia y la libertad! Hoy vuelve a ser leído, vuelve a ser popular: acogido por las manos y corazones de los hombres, no teme pasar de moda. Pero los crímenes de aquellos verdugos, único legado que dejaron para el recuerdo, quedarán relegados al silencio.

Esta grandeza de tu alma me impidió tenerte reparos por el hecho de ser mujer o porque lleves tu rostro ya tantos años cubierto por la aflicción que te embargó una vez. Y mira, Marcia, que no me deslizo furtivamente ni pienso privarte de tus afectos. He traído a la memoria tus viejas desgracias; y para que sepas que también esta herida ha de ser sanada, te he mostrado la cicatriz de una herida igualmente grande. ¡Que otros procedan con suavidad y con caricias! Yo he decidido batirme en armas contra tu congoja: secaré tus ojos cansados y extenuados, que lloran más por costumbre que por añoranza, si quieres saber la verdad. Lo haré, si fuera posible, con la ayuda de tus propios remedios; si no, te curaré contra tu voluntad, aunque te aferres y abraces el dolor que has transformado en el superviviente que ocupa el lugar de tu hijo. ¿Cuál será el término de tu luto? Todo ha sido probado, pero en vano. Las consolaciones de los amigos y la influencia de hombres célebres, parientes tuyos, desgastadas; la ciencia, grandiosa herencia de tu padre, no hace mella en tus oídos sordos y a duras penas te consuela como un breve pasatiempo. Incluso el tiempo, aquel remedio natural que mitiga las mayores desgracias, solo en ti ha perdido su fuerza. Ya pasó el tercer año y el golpe no ha perdido nada de su fuerza primera: el luto se renueva y se fortalece cada día, y transforma en un derecho su estadía al punto que considera vergonzoso dejar su sede. Así como todos los vicios se enraízan internamente a no ser que sean extirpados apenas crecen, del mismo modo los afectos tristes, míseros y autodestructivos, se alimentan constantemente de su misma amargura y transforman el dolor de un alma desgraciada en un placer perverso. Hubiese querido, por lo tanto, proceder a esta curación en las primeras etapas, pues entonces hubiese sido suficiente aplicar una medicina más suave mientras recién nacía la enfermedad; pero ahora hay que luchar con más violencia contra esta dolencia arraigada. En efecto, la curación de las llagas es más fácil mientras están más frescas; pero cuando la podredumbre se transforma en úlcera hay que cauterizarlas, llegar hasta el fondo en ellas y escudriñarlas con los dedos. Ahora mismo no puedo enfrentar un dolor tan duro con miramientos y suavidades: hay que romperlo.

II
[Dos ejemplos contrarios de duelo: Octavia y Livia]

Bien sé que todos los que aconsejan a alguien comienzan con los preceptos y terminan con los ejemplos. Pero a veces conviene cambiar esta práctica. En efecto, con cada cual hay que actuar de manera distinta. A unos los convencen los argumentos, pero a otros los impactan más los nombres famosos y la autoridad que cautiva el ánimo que se sobrecoge con actos impresionantes. Ante ti pondré dos ejemplos grandiosos de tu sexo y de tu generación: el primero, el de una mujer que se entregó al sufrimiento, y el segundo, el de una mujer que bajo circunstancias parecidas —o bajo una desgracia aún mayor— no le cedió a sus desgracias el largo dominio sobre sí misma, sino que rápidamente repuso su ánimo en el lugar propio. Octavia y Livia, la primera, hermana de Augusto, la segunda, su esposa, perdieron hijos jóvenes, ambas sabiendo que había una esperanza cierta de que los jóvenes llegasen al principado.[6] Octavia

6. Los ejemplos que utiliza Séneca para llamar la atención de Marcia son dos mujeres que sobre-

perdió a Marcelo, en quien su tío y su suegro habían empezado a apoyarse poniendo sobre él el peso del Imperio, un joven de ánimo despierto, de inteligencia poderosa, de una sobriedad y una moderación muy admirables para sus años y su riqueza, paciente en los trabajos, ajeno a los placeres y dispuesto a llevar toda la sobrecarga, por así decirlo, que su tío quisiera imponerle:

---

llevaron la muerte de sus hijos de modo diametralmente opuesto: Octavia y Livia. Ambas están ligadas a Augusto, el emperador que precedió a Tiberio y cuyo principado duró desde el 27 a. C. hasta el 14 d. C. Marcelo, el hijo de Octavia, fue el favorito de Augusto para sucederlo como emperador, pero una muerte temprana (23 a. C.) truncó ese porvenir brillante. El impacto que provocó la muerte prematura de un joven tan destacado fue recogido por Virgilio en su *Eneida* (VI, 861 ss.). Druso era hijo de Livia y fue adoptado por Augusto. Poseedor de una carrera militar brillante, murió a los 29 años luego de enfermar a causa de un accidente ecuestre.

Augusto había elegido bien los fundamentos que no cederían ante ningún peso. Durante todo el resto de su vida no le puso término al llanto y los gemidos ni admitió palabra alguna de aliento; ni siquiera se permitió alguna distracción, obsesionada con toda su mente en esta única idea fija. Se comportó durante su vida como en el funeral. No digo que no se animó a levantarse, sino que negando todo consuelo pensaba que dejar de llorar era como un segundo luto. No quiso tener ninguna imagen de su querido hijo ni oír ninguna mención de él. Estaba resentida con todas las madres y sobre todo se exasperaba contra Livia, porque pensaba que la prometida fortuna de su hijo había transitado hacia el suyo.[7] Se hizo amiga de las tinieblas y de la soledad,

7.   El hijo de Livia era Tiberio, quien sería el futuro emperador de Roma (14-37 d. C.).

y ni siquiera tomó en cuenta a su propio hermano; rechazó los poemas y homenajes literarios que celebraban la memoria de Marcelo, y cerró sus oídos a toda consolación. Se ausentó de todas las ceremonias oficiales, aborreció la prosperidad demasiado brillante de su grandioso hermano, cavó un hoyo en la tierra y se sepultó. En presencia de hijos y nietos no dejó de vestirse de luto, ofendiendo de paso a todos sus parientes, pues daba a entender que estaba sola cuando ellos seguían vivos.

III

Livia había perdido a su hijo Druso, que estaba destinado a ser un gran príncipe y ya era un gran general: había penetrado en la Germania y había clavado los estandartes de Roma en lugares donde apenas se sabía que existían los romanos. Había muerto en campaña, y sus mismos enemigos lo habían tratado con veneración durante su enfermedad, estableciendo una tregua y sin desear sacar ventajas de ello. A esta muerte padecida por el bien de la República se añadía la enorme desolación de los ciudadanos, las provincias y toda Italia. El cortejo fúnebre recorrió todos los municipios y colonias, y llegó a la Ciudad como si se tratara de un desfile triunfal. Su madre no había podido darle los últimos besos ni escuchar las dulces palabras de su boca agonizante. Siguió los restos mortales de su querido Druso por un largo trayecto y cada pira fúnebre por toda Italia era como volver a sufrir la muerte de su hijo. Pero apenas lo dejó en el sepulcro, en ese mismo instante sepultó a su hijo y su dolor, y no se abatió más que lo digno para el César o justo para su otro hijo, pues ambos vivían. Finalmente, no dejó de celebrar el nombre de su amado Druso, de exponer su imagen tanto en privado como en público, de hablar con sumo deleite sobre él, de escuchar sobre él; vivió con su recuerdo, aquel recuerdo que nadie puede mantener y multiplicar si lo ha transformado para sí en algo sombrío.

Elige entonces aquel de estos dos ejemplos que te parezca más digno de aprobación. Si quieres seguir el primero, te separarás del mundo de los vivos, le darás la espalda a los hijos ajenos y a los propios, incluso al hijo que tanto extrañas. Serás un mal agüero para las madres que se topen contigo, rechazarás los placeres honestos y permitidos como si fuesen poco decorosos para tu suerte, odiarás la luz del día y tu edad te será insoportable porque no te precipita cuanto antes al fin; y, lo que es más vergonzoso y ajeno a tu carácter, que goza, por lo demás, de buena fama, es que mostrarás que no quieres vivir, pero que no puedes morir.[8] Si sigues el ejemplo más moderado y sosegado de la otra gran mujer, no vivirás en la desgracia ni te atormentarás entre suplicios. ¡Demonios, qué locura es castigarse a uno mismo por su mala suerte y multiplicar las propias desgracias! Así como durante toda tu vida diste muestras de un comportamiento virtuoso y modesto, ¡demuéstralo también ahora! Pues existe una

8. Séneca le advierte a Marcia que, de seguir el ejemplo negativo de Octavia, se transformará en una especie de fantasma viviente, insensible a los placeres legítimos e indiferente a sus hijos y nietos, y que perderá el prestigio que le corresponde como mujer sabia, puesto que se mostrará incapaz de vivir de acuerdo con la razón (esto es, libre de la emoción irracional de la congoja) o de morir de acuerdo a ella (esto es, elegir el suicidio por razones morales y no por motivos emocionales).

moderación en el dolor. Este joven, cuando estaba vivo, solía traer su alegría y jovialidad a ti, su madre. Hoy lo pondrás en un puesto más honroso si sigues alegrándote cada vez que se le nombra o se le recuerda.

IV

No te impondré preceptos rigurosos, mandándote que soportes desgracias humanas de un modo inhumano para enjuagarte completamente tus lágrimas de madre el mismo día del funeral.[9] Más bien iré contigo a un

9.   Séneca es especialmente sensible al carácter gradual o progresivo de la pedagogía moral. Para lograr el ideal estoico de la liberación de las emociones (la *apátheia*), es conveniente comenzar con la moderación de ellas (la llamada *metriopátheia*). Ante un dolor agudo y enraizado, la actitud del terapeuta inteligente no es proponer de inmediato la cura absoluta (esa se logrará más adelante), sino comenzar de a poco, reconociendo en primer lugar que el dolor

juez. Este será el objeto de la disputa: el dolor, ¿debe ser grande o perpetuo? No dudo que el ejemplo de Julia Augusta,[10] quien fue tu amiga cercana, te agrada más: ella te invita a seguir su consejo. Durante el primer periodo de su congoja, cuando la tristeza es más insoportable y feroz, acudió al filósofo de su marido, Ario, para consolarse y confesó que este le fue de gran provecho, más que el pueblo romano, al que no quería afligir con su propia aflicción; más que Augusto, quien, privado de uno de sus dos ayudantes, flaqueaba y no había que empujarlo al duelo por los suyos; más que su hijo Tiberio, cuyo amor filial hizo que en

_____

(como estado emocional involuntario, *propátheia* en terminología posterior) tiene su legitimidad y no es «contrario a la naturaleza».

10.   Julia Augusta es el nombre que tomó Livia tras la muerte de su esposo Augusto.

aquel funeral prematuro y llorado por todas las naciones, solo sintiera que le faltaba un número completo de sus hijos.[11] Me imagino que Ario así abordó, así comenzó a hablarle a la mujer que custodiaba empeñadamente su reputación:

[Consolación del filósofo Ario a Julia]

«Hasta este día, Julia, por lo que yo he visto —yo, que he sido compañero íntimo de tu marido, de quien conozco no solo las cosas que expresa en público, sino también todos los pensamientos más íntimos de vosotros dos—, te has esmerado para que

11. Ario de Alejandría fue el filósofo áulico de César Augusto. Al igual que muchos nobles romanos, Augusto tomó consigo a un filósofo (en este caso, a un estoico) para aprender de él mediante el trato asiduo y las lecciones de diversas materias. Ario vivió muchos años junto a él y su mujer, y fungió de director espiritual, consejero político y amigo.

no haya en ti nada que reprocharte. Y no solo has tenido una conducta intachable en las cosas grandes, sino también en las pequeñas, no haciendo así nada que manchara tu reputación, aquella jueza insobornable de los emperadores. Pienso que no hay nada más bello que aquellos que están en la cúspide perdonen muchas ofensas, pero no necesiten pedirle perdón a nadie.[12] Tú, en

12. En esta primera parte de la consolación, Séneca apela fuertemente a la reputación (*opinio*) de Marcia como mujer aristocrática, lo cual parece contradecir el principio estoico fundamental de que el único bien es la virtud, y que los demás «bienes» (fama, riqueza, salud, etcétera) en realidad son indiferentes. La apelación a la fama, sin embargo, puede ser leída de dos modos complementarios: como una concesión pedagógica de Séneca a una ética «no estoica» a causa del estado ruinoso del alma de Marcia, poseída por una tristeza enraizada, y por lo tanto necesitada de una medicina proporcional a su capacidad de comprender, o como una apelación moral al «papel»

consecuencia, tienes que conservar también esta costumbre tuya: no hacer nada que después quieras que no haya sucedido o haya sucedido de otra manera.

V

»Además te pido y te ruego que no seas difícil e intratable con tus amigos. No hay razón para que ignores que ellos no saben cómo comportarse ante ti: no saben si hablar de Druso en tu presencia o no, temiendo que el olvido o la mención de este joven ilustrísimo te ofenda. Cuando no estamos en tu presencia y nos reunimos, celebramos sus actos y palabras con toda la admiración que merecen, pero en

---

(*persona*) que cada cual debe desempeñar según su estatus social, que se sigue de la doctrina estoica de las «acciones debidas» (*kathékonta, officia;* véase en este punto a Cicerón, *Sobre los deberes* I, 117 ss.).

tu presencia guardamos un profundo silencio sobre él. De esta manera, te privas de la mayor alegría: los elogios a tu hijo. Y no dudo que si fuese posible harías que estos elogios se prolongaran para siempre, así gastes tu propia vida en ello. Por lo tanto, acepta —más aún, incita— las conversaciones en las que se hable de él; abre tus oídos al nombre y al recuerdo de tu hijo; no sigas la costumbre malsana de otros, que en estas mismas circunstancias consideran que escuchar consuelos es parte del sufrimiento. Ahora te has arrojado completamente en esta segunda parte y te olvidas de la primera, fijando tu mirada en la peor cara de tu fortuna. No vuelves al recuerdo de haber vivido junto a él, a tus alegres encuentros con él, a sus dulces caricias de cuando era niño, al progreso de sus estudios, sino que te quedas en la última fase de las cosas, y como si ella en sí misma no fuese poco horrible, añades desgracia a la desgracia. ¡Te ruego, Julia, que no desees esa gloria perversa de parecer la más desgraciada! Y piensa al mismo tiempo que no es algo grandioso comportarse con coraje en medio de circunstancias favorables, cuando la vida avanza a paso seguro: tampoco el mar tranquilo y el viento apacible revelan el arte del capitán. Tiene que venir alguna contrariedad para que el ánimo sea puesto a prueba. Así pues, no te desmorones; por el contrario, establece un punto fijo y soporta cualquier peso que caiga sobre ti, aunque el primer golpe te haya sacudido.[13]

13. Este «primer golpe» emocional (llamado más adelante «mordedura» y «contracción») es lo que los alejandrinos llamarán más adelante *propátheia* (una pre-emoción), una reacción emocional involuntaria ante una impresión violenta (ya sea placentera o dolo-

No hay nada más odioso a la fortuna que un ánimo entero».

Después de esto Ario le mostró a su otro hijo incólume y los nietos que le dejó su hijo difunto.[14]

VI

[Continuación de la consolación a Marcia]

Querida Marcia: *de ti* se trata, los consejos de Ario van *para ti*. Cambia el personaje: *a ti* te ha consolado. Pero supón, Marcia, que a ti se te ha arrebatado más de lo que

rosa). El desafío del que quiere ser sabio (en este caso Marcia) es no dejar que la pre-emoción se transforme, gracias al asentimiento voluntario, en emoción, pues esta envilece el carácter.

14.   El hijo de Livia que sobrevivió era Tiberio, futuro emperador; y entre sus nietos, los hijos de Druso, se encontraba también el futuro emperador Claudio, quien reinaría desde el año 41 hasta el año 54 d. C.

jamás ha perdido ninguna madre, pues no quiero apaciguarte con lisonjas ni minimizar tu desgracia. Si los llantos pueden vencer al destino, lamentémonos: que el llanto fúnebre dure todo el día, que la aflicción consuma la noche en insomnio, que las manos provoquen llagas en el pecho y embistan el mismo rostro, y que la congoja se ejercite en todo tipo de crueldad para avanzar en su cometido. Pero si los difuntos no vuelven a la vida por obra de las lágrimas, si la suerte inexorable y fijada para toda la eternidad no es modificada por ninguna desgracia y la muerte siempre retiene todo lo que toma, entonces tiene que terminar este dolor que es en vano. En consecuencia, gobernémonos a nosotros mismos, para que no seamos sacudidos por esta fuerza. Vergonzoso es el capitán que abandona el timón cuando su navío es arrastrado por las olas, que deja las velas a merced del viento, que entrega su nave a la tormenta; al contrario, el capitán digno de elogio es aquel que se mantiene firme e inquebrantable junto al timón incluso cuando naufraga tragado por el mar.

VII

[El luto prolongado es antinatural]

«Pero extrañar a los seres queridos es algo natural», me dices. ¿Quién lo niega, Marcia, mientras sea moderado? Pues no solo con la muerte sino también con la partida de nuestros seres queridos los ánimos más firmes sienten necesariamente una mordedura y una contracción. Sin embargo, la creencia añade más de lo que manda la naturaleza. Observa con cuánta vehemencia echan de menos los animales mudos, y, sin embargo, cuán brevemente lo hacen. Las vacas mugen por un día o dos, y las yeguas vagan como locas por un periodo no mayor. Las fieras, después de perseguir las huellas de sus cachorros y recorrer los bosques, después de volver repetidas veces a sus guaridas saqueadas, extinguen su rabia en poquísimo tiempo. Las aves chillan alrededor de sus nidos vacíos dando potentes graznidos, pero en un momento se sosiegan y emprenden de nuevo su vuelo. Ningún animal extraña tanto a su cría como el hombre, quien experimenta tanto dolor no según por lo que siente, sino por lo que *elige* afligirse. Para que sepas que no es natural dejarse abatir por el duelo, mira en primer lugar cómo la misma pérdida hiere más a las mujeres que a los hombres, más a los bárbaros que a los pueblos cultos, más a los hombres ignorantes que a los instruidos. Pero todo lo que recibe su fuerza de la naturaleza la conserva de igual modo en todos los casos:

es evidente que lo que varía no es natural.[15] El fuego, por ejemplo, quema a todas las edades, a los habitantes de todas las ciudades, a hombres y mujeres por igual. El hierro tiene el mismo poder de cortar en todos los cuerpos… ¿y por qué? Pues porque las fuerzas que ellos han recibido de la naturaleza no distinguen personas. Pero

15. En esta sección Séneca propone tres argumentos para convencer a Marcia de que su duelo prolongado no es natural, sino que es producto «artificial» de nuestra opinión. (1) La experiencia muestra que animales no sufren de duelo prolongado, sino de uno muy breve, puesto que no añaden una opinión a un hecho físico indiferente (la muerte). (2) Lo natural es lo que sucede de igual manera en todos los casos. El duelo no sucede de la misma manera en todos los casos, sino que depende de algo añadido (a mayor cultura o educación, menor es el dolor, sostiene Séneca). Ergo, el duelo no es natural. (3) Lo natural no disminuye con el tiempo. Pero el dolor disminuye con el tiempo, ergo, el dolor no es natural.

cada uno experimenta la pobreza, el luto, el desprecio, según el hábito que haya formado, y la creencia anticipada sobre cosas supuestamente temibles lo vuelve débil y frágil.

VIII

Además, lo que es natural no disminuye con el tiempo. Pero el dolor se consume día tras día, y el tiempo, que es el medio más eficaz para mitigar la ferocidad del dolor, lo debilita, por muy porfiado que sea y por mucho que se rebele todos los días y se alce contra los remedios. Ahora mismo, Marcia, se aloja en ti una aflicción enorme que ya parece haber formado una costra; no se trata de la aflicción vehemente del comienzo, sino de una terca y obstinada. Y con todo, el tiempo te la irá quitando poco a poco. Cada vez que hagas otra cosa, tu ánimo se destensará. Ahora mismo te vigilas a ti misma: pero hay una gran diferencia entre permitirte llorar a tu hijo y ordenarte hacerlo. ¡Cuánto más se adecua a la elegancia de tu carácter el dar término al luto que el esperar o aguardar aquel día en que el dolor desaparezca sin tu consentimiento! Marcia, tú misma debes renunciar a él.

IX

[Ejercicio de la anticipación de los males]

«¿Por qué entonces nuestra congoja es tan obstinada, si ella no proviene de un mandato de la naturaleza?», preguntas. Esto sucede porque no anticipamos el mal antes de que ocurra, sino que, como si nosotros mismos estuviésemos más a salvo que los demás y recorriésemos un camino más seguro que ellos, no somos conscientes de que sus desgracias nos son comunes. Tantos funerales pasan en frente de nuestras casas y no pensamos en la muerte; tantas muertes prematuras pero nos devanamos los sesos pensando en la toga de nuestros niños, en la milicia y en la herencia paterna. Tantas veces hemos visto que los ricos se hacen súbitamente pobres y nunca se nos ocurre que nuestras riquezas son igualmente frágiles. Es necesario, por lo tanto, que nuestra caída sea más profunda, pues somos heridos como repentinamente; por el contrario, lo que prevemos con más antelación nos lastima más suavemente. Tienes que saber que te hallas expuesto a todos los golpes y que las flechas que alcanzaron a los demás pasaron silbando cerca de ti.[16] Imagínate

16.   Séneca pasa aquí al género masculino («expuesto», «desprevenido», etcétera), señal de que no solo le está hablando a Marcia o las mujeres, sino que sus argumentos valen también para los varones.

que te aproximas mal armado a un muro o a un lugar repleto de enemigos, difícil de escalar: espera ser herido y ten en cuenta que a *tu* cuerpo están dirigidas las piedras, las flechas y las lanzas disparadas desde arriba. Cada vez que alguien a tu lado o tras de ti caiga muerto, exclama: «¡No me engañarás, Fortuna, ni me sorprenderás desprevenido o descuidado! Sé lo que estás preparando: le diste a otro, pero a mí apuntabas». ¿Quién ha considerado jamás que sus cosas han de perecer? ¿Quién de nosotros se atreve jamás a pensar en el exilio, en la miseria, en la pérdida de sus seres queridos? ¿Quién de nosotros, cuando alguien nos aconseja que meditemos sobre esto, no lo rechaza como a un presagio nefasto y no prefiere que esto le suceda a sus enemigos o este fastidioso consejero? «No pensaba que iba a suceder». ¿Piensas que no iba a suceder aquello que sabes que puede suceder, porque has visto que les ha ocurrido a muchos? He aquí un verso estupendo, digno de no haber surgido del escenario:

Lo que le puede suceder a uno
[le puede suceder a cualquiera.[17]

Uno perdió a sus hijos: tú también los puedes perder. Aquel fue condenado: también tu inocencia pende de un hilo. Este error engaña y afemina cada vez que padecemos lo que jamás previmos que podíamos padecer. Pero quien prevé el futuro le arranca la fuerza a los males presentes.

17.   Verso de una obra de teatro del mimo Publilio Sirio (85-43 a. C.) (cf. 11 Ribbeck). Séneca hace uso de las sentencias de Publilio en numerosas cartas a Lucilio (8.8, 9.21-22, 94.28-29, 94.43, 108.8-9 y 11-12).

X

[La inestabilidad de la fortuna]

Lo que sea que nos encandila rodeándonos con su brillo extrínseco —hijos, honores, riquezas, amplios atrios y vestíbulos repletos de una turba de clientes excluidos, un apellido famoso, una esposa aristocrática o hermosa, y las demás cosas que dependen de la suerte incierta e inestable— son adornos ajenos y prestados. Ninguno de estos se da como regalo. Un escenario se adorna con decorados de diverso origen, que deben volver a sus dueños: algunos se devuelven el primer día, otros el segundo… pocos durarán hasta el último día. Por eso no hay razón para enorgullecernos como si fuésemos sus dueños: en realidad los recibimos en préstamo. Su usufructo es nuestro, pero su duración la determina el dueño de la dádiva: debemos tener a mano aquello que se nos ha dado por un tiempo incierto y devolverlo sin chistar.[18] El peor deudor es el que le hace reproches al acreedor. 3. Debemos amar a nuestros seres queridos —a los más jóvenes, de quienes deseamos que nos sobrevivan por la ley del nacimiento, y a los más viejos, de quienes rogamos con toda justicia que nos antecedan— como si jamás se nos hubiera prometido eternidad, o mejor dicho, duración alguna.

Al alma hay que exhortarla continuamente a que ame todas las cosas como si

18.   Aquí, como en numerosos lugares de esta obra, Séneca utiliza conceptos tomados del derecho. Para ilustrar la actitud que el sabio tiene hacia los «bienes de la fortuna», Séneca echa mano de la figura legal del usufructo (*usus fructus* en latín), que consiste en el derecho a usar y gozar de cosas ajenas sin adueñarse de ellas. Una idea similar aparece en las *Disputas Tusculanas* de Cicerón (I, 93).

fuesen a perecer; o mejor dicho, como si estuviesen *ya* pereciendo. Toma posesión de cuanto te dé la fortuna como de algo sin garantía. Disfrutad a vuestros hijos, dejad que ellos a su vez os disfruten y apurad todo gozo sin demora, pues nadie os promete nada para la noche de hoy —y estoy concediendo una dilación demasiado larga: nadie os promete nada para ahora mismo—.[19] Hay que apresurarse, nos atacan a nuestras espaldas. Ya esta compañía se desmiembra, estos regimientos se disuelven en medio de los gritos de guerra. Todas las cosas son sometidas al pillaje, y vosotros, miserables, no sabéis vivir en la huida.

Si sufres por la muerte de tu hijo, incriminas al momento en que nació. En efecto,

19. Séneca cambia del singular al plural en este pasaje, señal de que su *Consolatio* está destinada no solo a Marcia, sino a un público amplio de lectores.

la muerte se le ha notificado a todo hombre que nace. Ha sido engendrado bajo esta ley, este destino lo seguía inmediatamente desde el vientre materno. Hemos entrado al reino tiránico de la fortuna, reino duro e invencible, para padecer sufrimientos dignos y también indignos, según sea su antojo. La fortuna tratará a nuestros cuerpos con violencia, insolencia y crueldad: a algunos los quemará con fuego ya sea como castigo o como remedio; a otros los encadenará —y esto ora de manos de un enemigo, ora de un conciudadano—. A unos los arrojará desnudos por mares desconocidos y ni siquiera lanzará a la arena o a la costa a quienes luchan contra las olas, sino que los esconderá en el vientre de algún monstruo enorme; a otros los mantendrá exhaustos entre la vida y la muerte asediados por todo género de enfermedades. Como un ama inestable y caprichosa que descuida a sus criados, la fortuna cometerá errores al administrar castigo y premios.

XI

[Meditación de la frágil condición humana]

¿Qué necesidad hay de llorar sobre ciertos aspectos de la vida? La vida entera es digna de llanto: surgirán nuevas penurias antes de que hayas terminado con las antiguas. Por lo tanto, tenéis que moderar estos afectos, especialmente vosotras las mujeres, que lo hacéis sin moderación y que debéis distribuir en muchos dolores la energía del corazón humano. Por cierto, ¿qué es este olvido de tu propia y obvia condición? Naciste mortal, engendraste mortales. Siendo tú misma un cuerpo efímero, lánguido y lleno de dolencias, ¿esperaste acaso que una materia tan débil gestara una vida sólida y eterna? Tu hijo falleció, es decir, arribó a aquella meta hacia la que se apresuran quienes consideras más afortunados que tus hijos. Hacia allí se dirigen, a velocidad distinta, toda la turba de los que litigan en el foro, asisten al teatro, oran en los templos. Lo que amas y lo que odias será igualado por la misma ceniza. Esto es lo que muestra aquella sentencia atribuida a los oráculos píticos: «Conócete a ti mismo».[20] ¿Qué es el hombre? Una vasija que se quiebra y se

20. La sentencia «conócete a ti mismo» (*gnóthi sautón* en griego), asociada desde antiguo al culto del dios Apolo en Delfos, fue materia de interpretación desde los inicios de la filosofía. Sócrates la puso en el centro de su actividad (véase por ejemplo *Cármides* 165b y *Alcibíades* 124b) y los estoicos, en palabras del emperador Juliano, la hicieron el hilo conductor de toda su filosofía. Séneca la interpreta aquí en el sentido del conocimiento de la fragilidad de la condición humana.

rompe al menor golpe, a la menor sacudida. No se necesita una gran tormenta para que perezcas; apenas seas agitado vas a desaparecer. ¿Qué es el hombre? Un cuerpo débil y frágil, desnudo, inerme por su misma naturaleza, necesitado de ayuda externa, arrojado a todos los ultrajes de la fortuna; pasto o víctima de cualquier bestia aun cuando ha ejercitado bien sus músculos, tejido con materiales frágiles y precarios, lozano solo en sus rasgos exteriores; incapaz de aguantar el frío, el calor, el trabajo, pero inclinado a la inversa a su propia destrucción por el ocio y la inactividad; temeroso de lo que come, pues cuando carece de alimentos desfallece, mas cuando abunda en ellos estalla; un cuerpo preocupado ansiosamente de su propio cuidado, dotado de una respiración precaria y endeble, la cual se interrumpe por un ruido fuerte y repentino a los oídos;

un cuerpo que es fuente constante de peligro para sí mismo, que es defectuoso y perjudicial. ¿Nos asombramos de la muerte de este cuerpo, que puede venir de un simple hipo? ¿Acaso es necesario un gran esfuerzo para que el cuerpo sucumba? Un olor, un sabor, el descanso y la vigilia, la bebida y el alimento y todo lo necesario para vivir es también mortífero; hacia donde se mueva, al instante se vuelve consciente de su debilidad. Incapaz de soportar todo clima, se enferma a la menor modificación y cambio en las aguas, el viento, la brisa. Ruinoso, enfermizo, inaugura su vida con llantos… ¡Cuántas agitaciones sacuden a este animal tan despreciable! ¡Cuántas ideas llenan su cabeza cuando se olvida de su condición! Cavila sobre la eternidad y la inmortalidad, elucubra planes para sus nietos y bisnietos, y mientras abriga estos proyectos, la muerte le sale al encuentro. Y esto que se llama ancianidad es un circuito de muy pocos años.

XII

[El hijo de Marcia tuvo una vida plena]

Tu dolor, si acaso tiene una razón, ¿se refiere a tus propios inconvenientes o a los del difunto? ¿Lo que te aflige de tu hijo muerto es que no pudiste disfrutarlo en absoluto, o que pudiste haberlo disfrutado más si hubiese vivido más tiempo? Si dijeras que no lo disfrutaste nada, harías que su ausencia fuera más tolerable, pues los hombres no extrañan aquellas cosas que no les proporcionaron ningún disfrute o alegría. Pero si reconocieras que lo disfrutaste mucho, es necesario entonces que no te quejes de lo que perdiste, sino que agradezcas lo que gozaste. En efecto, sacaste muchas recompensas de tus fatigas en la crianza, a no ser que en realidad para los que tienen hijos pequeños la crianza en sí misma no sea un placer, pero sí lo sea para quienes crían con esmero a cachorros, pajaritos y otras mascotas frívolas; placer que consiste en ver, acariciar y ser adorados por estos seres mudos. Por consiguiente, aunque no hubieses sacado ningún provecho de su laboriosidad, ninguna protección de parte de su cuidado hacia ti, ningún consejo de su prudencia, aun así lo que tuviste, lo que amaste, ya es una recompensa en sí misma.

«Pero pudo ser mayor», responderás. Sí, pero es mejor lo que sucedió que si no hubiese sucedido en absoluto, porque si damos a elegir entre no ser afortunado nunca y ser afortunado durante algún tiempo, es mejor experimentar bienes caducos que no experimentar ninguno. ¿Acaso hubieses pre-

ferido tener un hijo innoble solo por tener
a alguien que llevase el nombre de «hijo»,
o uno como el varón virtuoso que pariste,
que pronto fue un joven inteligente, pronto
un hombre piadoso, pronto buen marido,
pronto buen padre, pronto un hombre di-
ligente en todo cargo, pronto sacerdote, un
hombre adelantado en todo, por así decirlo?
Casi a nadie le tocan grandes bienes que sean
perdurables; solo la buena fortuna que se
despliega lentamente es la fortuna que llega
al final: los dioses inmortales no te iban a
dar un hijo para siempre, así que te dieron
uno que en poco tiempo llegó a su plenitud.

[Ejemplos de hombres famosos
en situaciones similares]

Tampoco puedes decir que los dioses te eli-
gieron para tener un hijo que no podías
disfrutar: echa un vistazo con tus ojos a

la masa de hombres famosos y desconocidos, y verás que la mayoría ha padecido cosas peores. Grandes generales, grandes emperadores han sufrido estas desgracias, y ni siquiera los mitos han dejado exentos a los dioses, a fin de que, según creo, tuviéramos alivio en nuestros duelos sabiendo que también los dioses se desploman. Examina a todos, repito, y no encontrarás una familia tan miserable que no encuentre consuelo al saber que hay otra aún más desgraciada. Pero, ¡por Hércules, no tengo un concepto tan malo de tu carácter para pensar que tú puedes dolerte menos de tu desgracia si multiplicara el número de los que lloran a sus deudos! La existencia de una gran muchedumbre de desgraciados es un tipo de consuelo propio de una mente perversa.[21]

21.   Séneca advierte aquí que la desgracia ajena no es fuente de consuelo para una mente equilibrada,

Sin embargo, te daré ciertos nombres, no para que sepas que esto suele ocurrirles a los hombres (pues es ridículo recolectar ejemplos de mortalidad), sino para que sepas que hubo muchos que sobrellevaron estas duras calamidades padeciéndolas tranquilamente. Comenzaré por el ejemplo más afortunado. Lucio Sila perdió a su hijo, y este hecho no destruyó ni su malicia ni su fiera valentía contra los enemigos y sus propios conciudadanos, ni dio la impresión de llevar en vano el sobrenombre de *Felix* [afortunado] que adoptó tras la muerte de su hijo, no temiendo el odio de los hombres, para quienes su excesiva prosperidad significaba sufrimiento, ni la envidia de los

---

sino que de lo que se trata es de dar ejemplos de hombres y mujeres que han sufrido estoicamente la desgracia, es decir, sin dejar que la emoción subyugue a la razón.

dioses, quienes eran acusados de que Sila fuese tan afortunado.[22] Pero dejemos a un lado el juicio sobre el carácter moral de Sila (aunque incluso sus enemigos reconocerán que hizo bien en tomar las armas y en deponerlas): de lo que se trata aquí es de mostrar que no es un mal supremo aquel que también les acaece a los hombres más afortunados.

22.   Lucio Cornelio Sila (138-38 a. C.) fue un político y militar romano que encabezó una breve pero cruel dictadura después de la Primera Guerra Civil romana (84-82 a. C.). Séneca dice que es el «ejemplo más afortunado» (en latín *felicissimus*). Se trata de un juego de palabras con el sobrenombre *Felix* (afortunado, feliz) que Lucio Sila se impuso tras sus brillantes triunfos bélicos en su época de general. El ejemplo de Sila sirve, como se dice algunas líneas más adelante, para mostrar que perder hijos es compatible con ser afortunado.

XIII

Que Grecia no admire demasiado a aquel padre que, mientras hacía un sacrificio en el templo, se enteró de que su hijo había muerto y solo le ordenó callar al flautista, se quitó la corona de la cabeza y llevó a cabo todo lo demás como corresponde.[23] Pues nosotros los romanos tenemos al pontífice Pulvilo, a quien mientras tocaba la jamba de la puerta durante la dedicación del templo Capitolio le fue anunciada la muerte de su hijo.[24] Simulando no haber escuchado

---

23. Alusión a una famosa anécdota del filósofo e historiador y militar Jenofonte, cuyo hijo murió en la batalla de Mantinea (362 a. C.). La actitud imperturbable de Jenofonte ante la muerte de su hijo constituyó un lugar común en la literatura consolatoria de la Antigüedad.

24. Marco Horacio Pulvilo fue un pontífice los primeros tiempos de la República (siglo V a. C.). La

esta noticia, pronunció las palabras solemnes del canto pontifical sin interrumpir la plegaria con sus gemidos; y mientras escuchaba el nombre de su hijo seguía invocando el favor de Júpiter. Si ni siquiera el primer día y el primer golpe pudieron apartar al padre de los altares públicos y de los ritos favorables, ¿piensas que su luto debía tener un fin? ¡Por Hércules, qué digno fue Pulvilo de una ceremonia memorable y de un gran sacerdocio! Pues no dejó de rendirle culto a los dioses, aun sufriendo su ira. Y con todo, él mismo, al volver a casa, llenó sus ojos de lágrimas y emitió algunos débiles sollozos. Después de cumplir lo que

---

dedicación de un templo (en este caso, del templo de Júpiter) exigía una serie de ritos, como pronunciar claramente la fórmula de dedicación (la *precatio*) y sujetar con firmeza las jambas de la puerta del templo (*postem tenere*).

la costumbre mandaba ejecutar en honor a los difuntos, su rostro volvió a ser el del Capitolio.

Paulo, en aquellos días de su famoso desfile triunfal en el cual hizo desfilar al rey Perseo encadenado ante su carro, dio en adopción a dos hijos y sepultó a los que se había quedado para él.[25] ¿Cuán excelentes crees que eran los hijos que se quedó para

---

25.   Lucio Emilio Paulo (229-160 a.C.) fue un destacado general romano que pasó a la historia por vencer al rey macedonio Perseo en la batalla de Pidna el 168 a.C. Al año siguiente, Paulo celebró un grandioso desfile triunfal en Roma, exhibiendo a Perseo y a sus tres hijos encadenados como esclavos. Sin embargo, su victoria se vio opacada por la muerte de dos hijos jóvenes (12 y 14 años, respectivamente) durante esas fechas. El dramatismo de la imagen de Paulo aumenta con el hecho de que los dos hijos que le quedaban los había dado en adopción, quedándose así *orbus* (privado de hijos).

sí, cuando uno de los hijos que entregó fue nada menos que Escipión? El pueblo romano observó, lleno de desconsuelo, el carro vacío de Paulo. Y sin embargo Paulo habló en público y dio gracias porque se habían cumplido sus plegarias: en efecto, había pedido que si la envidia exigía una compensación por su enorme victoria, que ello redundara en un daño para él y no para el pueblo. ¡Mira con qué grandeza de alma soportó todo esto! Dio gracias por haberse quedado sin hijos. ¿Y a quién podía conmover más un revés tan grande? Perdió a su sostén y su consuelo al mismo tiempo. Pero Perseo no tuvo el privilegio de ver a Paulo afligido.

XIV

Y ahora, ¿para qué nombrarte innumerables ejemplos de hombres heroicos buscando a los miserables, como si no fuese más difícil encontrar a los hombres afortunados? En efecto, ¿cuántas familias subsisten incólumes hasta el fin en todos sus miembros? Elige cualquier año y recuerda a sus magistrados: si quieres toma a Lucio Bíbulo y Cayo César. Verás que entre estos dos colegas enemigos coincidió la fortuna.[26] A Lucio Bíbulo, hombre más virtuoso que valiente, le mataron dos hijos al mismo tiempo, usados como escarnio por la soldadesca egipcia; muerte tan digna de lágri-

---

26. Marco (llamado «Lucio» por Séneca) Calpurnio Bíbulo y Julio César fueron cónsules el 59 a. C., año en que rivalizaron fuertemente, pues César no cejaba en promover leyes agrarias en contra de los *optimates* (representados por Bíbulo) y Bíbulo, por su parte, no lograba bloquear las ambiciones políticas de un imparable César. Fuentes antiguas señalan que tal era la enemistad de Bíbulo hacia César, que este se recluyó en su casa durante el consulado y que muchos bromeaban diciendo que los cónsules eran «Julio y César».

mas como sus autores.[27] Y sin embargo Bíbulo, que durante todo el año de su cargo había estado recluido en su casa por odio a su colega, al día siguiente del funeral de los gemelos procedió a cumplir los deberes acostumbrados de su cargo. ¿Quién puede dedicar menos que un solo día a dos hijos? El hombre que había guardado un año de duelo por su consulado finalizó tan apresuradamente el luto por sus hijos. Y Cayo César, que había recorrido la Britania y cuyo éxito no podía caber ni en el océano, supo que su hija había muerto, llevándose consigo el destino de la República.[28] Ya se po-

27. Los hijos de Bíbulo fueron muertos en el año 50 a. C. en Egipto por los *Gabiniani*, un grupo de militares que se había asentado allí algunos años antes y que llevaba una vida licenciosa y temeraria.

28. Julio César perdió a su hija Julia en el año 54 a. C., mientras invadía Britania por segunda vez. César había entregado a Julia en matrimonio con Pompeyo

día adivinar que Pompeyo no iba a tolerar serenamente que hubiese otro «Grande» en la República romana y que iba a frenar su avance, pues le parecía peligroso para él, aunque fuese ventajoso para el bien común. Y, sin embargo, en tres días César retomó sus funciones de general y venció el dolor tan rápido como solía vencerlo todo.

XV

¿Qué más puedo relatarte de los duelos de otros Césares? Me parece que la fortuna a veces los ataca violentamente para que sirvan de provecho para el género humano, mostrando que ni siquiera los llamados

---

el Grande como signo de concordia y alianza política entre ellos dos. Cuando Julia murió, los romanos supieron que la armonía entre César y Pompeyo había llegado a su fin (y con ello, peligraba el «destino» de la misma República romana, como dice Séneca).

«hijos de los dioses» o «padres de dioses» tienen poder sobre su propia suerte como tienen poder sobre la suerte de otras personas. El divino Augusto perdió a sus hijos y nietos, y habiendo desaparecido su estirpe completa apuntaló su casa desolada mediante la adopción. Pero esto lo soportó con la valentía de un hombre involucrado personalmente en el asunto y preocupado con sumo esmero de que nadie se quejase contra los dioses.[29] Tiberio César perdió a quien había engendrado y a quien había adoptado,

---

29. El emperador César Augusto (63 a. C.-14 d. C.) ya había sido aludido más arriba por Séneca (véase *Ad Marciam* II; IV) a causa de la muerte prematura de su hijo adoptivo Marcelo. Augusto también perdió a sus nietos Gayo y Lucio, ambos hijos de su hija Julia, quien sin embargo *no* murió antes que Augusto. Según fuentes antiguas, a Augusto no le quedó otra opción que adoptar a un problemático Tiberio ante el problema aun mayor de no dejar ningún heredero.

y sin embargo él mismo dio un discurso en el que elogió a su hijo, de pie junto a su cadáver, separado solo por un velo que evitaba que los ojos del pontífice miraran a un muerto. Mientras el pueblo romano lloraba, él mantuvo su rostro imperturbable.[30] A Sejano, que estaba de pie a su lado, le mostró cuán resignadamente podía perder a sus seres queridos.

¿Ves la cantidad de hombres notables que no fueron eximidos de la desgracia, que todo lo abate, pese a ser hombres dotados de tantos bienes del alma, de tantos ho-

---

30.   Tiberio perdió tanto a Druso, su hijo natural, como a Germánico, su hijo adoptivo. El funeral al que alude aquí Séneca es el de Druso. La costumbre romana prohibía a los pontífices tener contacto (incluso visual) con cadáveres para evitar toda contaminación. Como Tiberio era *pontifex*, una cortina fue puesta entre él y el difunto para satisfacer esta prohibición ritual.

nores públicos y privados? Pero es como una tormenta que invade el mundo y devasta todo sin discriminación, como si fuese suyo. Marcia, haz que cada uno saque cuentas: a nadie le toca nacer impune.

XVI
[Ejemplos de mujeres célebres]

Sé lo que dirás: «Solo nombras ejemplos de varones, te olvidas de que estás consolando a una mujer». ¿Pero quién podría decir que la naturaleza fue mezquina con el ingenio de las mujeres, reduciendo sus virtudes? Créeme que las mujeres tienen la misma fuerza que los varones, la misma capacidad para la virtud moral mientras así lo quieran; ellas pueden soportar igualmente el dolor y las molestias, si se han habituado a ello. Por los dioses, ¿en qué ciudad estamos hablando de esto? En la ciudad en que

Lucrecia y Bruto abatieron al tirano que oprimía a los romanos: le debemos la libertad a Bruto, y Bruto a Lucrecia.[31] En esta ciudad Clelia, que despreció al enemigo y al río, fue casi considerada como un hombre por su insigne valentía. Y hoy, sobre una estatua ecuestre en la *Via Sacra*, lugar muy concurrido, Clelia reprende a nuestros jóvenes que van montados en literas en una ciudad donde incluso a las mujeres las hemos premiado con un caballo.[32] Pero

---

31.   Lucrecia (muerta en el año 509 a. C.) es un personaje clave en la historia de la República. Tras haber sido violada por Sexto Tarquino (hijo del Rey Tarquino el Soberbio), se quita la vida e impulsa a Bruto a liderar la rebelión contra la monarquía que culminó con la expulsión de los reyes y la inauguración del consulado como forma de gobierno.

32.   Clelia fue una joven romana tomada como rehén por el rey etrusco Lars Porsena en los primeros años de la República. Sin embargo, tras eludir a

si quieres que te diga ejemplos de mujeres que extrañaron con fortaleza a los suyos, no buscaré casa por casa. De una sola familia te doy el ejemplo de dos Cornelias: la primera, hija de Escipión, madre de los Gracos: tuvo doce hijos y a los doce sepultó. Sobre diez de ellos es fácil omitir palabras, porque la Ciudad no se percató si nacieron o murieron, pero vio a sus hijos Tiberio y a Cayo —quien niegue que eran buenos hombres reconocerá que al menos fueron

---

los guardias y lanzarse al gélido río Tíber en medio de las flechas enemigas, logró volver a Roma, causando la honda admiración de Porsena. Según fuentes antiguas, Porsena mismo pidió que se le diera un «premio viril» por su actuar, lo que resultó en la mencionada estatua ecuestre todavía existente en tiempos de nuestro autor. Esta estatua conmemoraba la *virtus* de Clelia y servía, según Séneca, como advertencia moral a los jóvenes dados a la práctica antinatural de andar en literas (véase *Carta a Lucilio* 55, 1).

grandes hombres— asesinados e insepultos. Y con todo, a quienes la consolaban llamándola miserable, les decía: «Jamás dejaré de llamarme afortunada, pues he dado a luz a los Gracos». La otra Cornelia, esposa de Livio Druso, perdió a un hijo ilustrísimo, de talento superior, que seguía la huella de los Gracos. Este fue asesinado en su misma casa por nadie sabe quién, dejando tantos proyectos de ley incumplidos. Y, sin embargo, soportó esta muerte terrible e impune de su hijo con la misma grandeza de ánimo con la que él había establecido las leyes.[33] ¿Te reconciliarás ahora con la fortuna,

33.   La primera Cornelia (189-110 a. C.), hija del ilustre Escipión el Africano, fue considerada como ejemplo de madre romana desde la era tardo-republicana. De sus doce hijos, los más destacados fueron Tiberio y Cayo. El primero, siendo tribuno de la plebe, promovió leyes agrarias que le valieron la enemistad con el partido senatorial, y fue asesinado brutalmente

querida Marcia, si a ti no te eximió de las flechas que dirigió contra los Escipiones, a sus madres e hijas, y con las cuales hirió a los Césares?

La vida está llena y atiborrada de desgracias de diversa índole, y a nadie le concede una paz duradera, a lo más una tregua. Diste a luz a cuatro hijos, Marcia. Y dicen que ninguna flecha cae en vano cuando se la lanza hacia una tropa en formación cerrada... ¿Te admiras entonces de que esta flecha no haya podido pasar de largo entre una turba tan grande sin causar daño

---

por una turba liderada por Publio Cornelio Escipión Nasica. Su hermano Cayo murió por su propia mano algunos años después, perseguido por el Senado. La segunda Cornelia perdió a su hijo Livio Druso (124-91 a. C), quien había llevado a cabo iniciativas inspiradas en los Gracos. En otra obra (*La brevedad de la vida* VI) Séneca propone a Livio Druso como ejemplo del hombre incapaz de entregarse al verdadero ocio.

o perjuicio? «Pero la fortuna fue más malvada aún, porque no solo arrebató a mis hijos, sino que los eligió». Pero Marcia, jamás llamarías «injusticia» a la distribución en partes iguales con alguien más poderoso: la fortuna te dejó dos hijas y los nietos que ellas te dieron, y el hijo por el cual sufres el mayor duelo, olvidando al primero,[34] no te fue quitado enteramente, pues tienes dos hijas de él, que serán grandes cargas si llevas mal el luto,

---

34. Por este texto sabemos que Marcia ya había perdido un hijo antes de Metilio. Sin embargo, su luto por Metilio es más intenso y agrio, puesto que, de acuerdo con la sensibilidad romana, la muerte de un niño es menos dolorosa que la de un hombre maduro (véase por ejemplo Cicerón, *Sobre la amistad* 9) y la muerte de una mujer es menos dolorosa que la de un varón (como se echa de ver en la queja de Marcia contra la fortuna porque esta «eligió» malignamente llevarse a sus dos hijos).

pero serán grandes consuelos si lo llevas bien. Proponte esto: que cuando veas a tus nietas te acuerdes de tu hijo, no de tu dolor. Cuando un temporal arranca de cuajo los árboles o un tornado quiebra los troncos con su repentina violencia, el agricultor cuida la raíz que queda e inmediatamente dispone semillas y brotes de los árboles para que pronto comiencen a surgir plantas más exuberantes que las anteriores, pues así como el tiempo es rápido y veloz para dañar, también lo es para hacer crecer. Pon ahora a tus hijas en el lugar de Metilio y llena el espacio vacío, y alivia un único dolor con un doble consuelo. Tal es la naturaleza de los mortales: nada nos gusta más que lo que hemos perdido, somos más injustos con lo que nos queda por la añoranza de lo que hemos sido privados. Pero si quieres tasar cuántos males te ha evitado la fortuna, incluso cuando era severa contigo, ten en cuenta que tienes más que consuelos: mira la muchedumbre de nietos, mira a tus dos hijas. Repite también esto, Marcia: «Si la fortuna se comportase con cada uno según su conducta moral y nunca les sucediesen desgracias a los buenos, yo me llenaría de aflicción; pero veo que los buenos y los malos son sacudidos por ella sin ninguna distinción».[35]

35.   Séneca le propone a Marcia un ejercicio para que lo medite constantemente, a fin de internalizar la idea de que la fortuna reparte «bienes» y «males» (tales como salud, enfermedad, riqueza, pobreza, etcétera) sin tener en cuenta el mérito o demérito moral de los seres humanos, y que por lo tanto tales cosas en realidad *no son* bienes ni males, sino cosas «indiferentes». Si fuese el caso contrario (es decir, si la fortuna repartiera ordenadamente las venturas y las desventuras según los méritos morales de cada cual), entonces solo los malvados sufrirían «males» como la pobreza, la enfermedad

XVII

[La ciudad de Siracusa como imagen
de la vida humana]

«Pero es una cosa tremenda perder al niño que criaste y que llegó a ser sostén y honor para su madre y su padre». ¿Y quién niega que sea tremendo? Pero es humano. Naciste para eso: para perder, para perecer, para temer, para anhelar, para inquietarte por ti y por otros, para temer y a la vez desear la muerte, y lo más terrible, para que nunca conocieras tu condición. Si alguien le dijese a un viajero que va a Siracusa:[36] «Antes debes

o el exilio, lo cual contraviene la experiencia más elemental. Sobre la relación entre los bienes azarosos de la fortuna y el gobierno providencial del mundo, véase el opúsculo *Sobre la providencia* del mismo Séneca.

36.   En este breve excurso, Séneca describe a la ciudad siciliana de Siracusa, considerada desde antiguo como un centro de poder y cultura. El viaje y posterior

conocer todos los inconvenientes y todos los placeres de tu futuro viaje, y después zarpa. Estas son maravillas que podrás admirar: verás en primer lugar a la isla misma, separada de Italia por un estrecho, isla que evidentemente alguna vez estuvo unida al continente; repentinamente el mar allí se interrumpe y

arrancó de la Hesperia el flanco de Sicilia.[37]

En seguida verás (en efecto, podrás esquivar el insaciable torbellino del mar) a la Caribdis de los mitos, que está en reposo mientras no sople el viento del sur, pero que cuando este irrumpe, devora a las naves en

---

estadía en Siracusa es una imagen de la vida humana, con sus maravillas (como la fuente de Aretusa), sus riesgos (la Caribdis) y sus atrocidades (el tirano Dionisio y su corte).

37.   Virgilio, *Eneida* III, 417.

un enorme y profundo abismo. Verás a la fuente de Aretusa, muy célebre por los poemas, con su estanque enteramente nítido y transparente, derramando aguas gélidas. O bien las encontró en su lugar de origen, o bien restableció el río incontaminado que fluía bajo tantos mares, libre de la mezcla con aguas de peor calidad. Verás el puerto más sosegado de todos los que ha hecho la naturaleza o la mano humana para tutela de las naves, tan seguro que ni siquiera se ve tocado por el furor de las mayores tempestades. Verás el lugar donde el poderío de Atenas fue doblegado, verás aquella cárcel natural de piedra tallada a una profundidad inmensa que mantuvo encerrados a tantos prisioneros,[38] verás aquella ciudad enorme,

38.   Referencia a la catastrófica derrota del ejército ateniense el año 413 a. C. a manos de los siracusanos (véase Tucídides, *Historia de la Guerra del*

cuyo territorio es más extenso que el de muchas ciudades juntas, lugar extremadamente tibio en invierno y donde todos los días sale el sol. Pero cuando hayas conocido todas estas maravillas, el invierno duro e insalubre destruirá los beneficios del buen tiempo. Allí estará el tirano Dionisio,[39] destructor de la libertad, de la justicia y las

---

Peloponeso VII, 87) durante la Guerra del Peloponeso. Después de esta derrota, los siracusanos tomaron a miles de prisioneros atenienses y los arrojaron a las célebres latomías (literalmente «cortes de piedra»), unas canteras que sirvieron durante muchos siglos de cárcel y lugar de tormento.

39.   Dionisio II gobernó Siracusa desde el año 367 hasta el 357 a. C., año en que su tío lo derrocó. Casi diez años después volvió al poder, pero pronto fue nuevamente derrocado y terminó viviendo en el exilio en Corinto, trabajando como maestro en una escuela de niños (según Cicerón, Dionisio no podía «dejar de mandar»). Sus tiranías se caracterizaron por la brutalidad y los excesos de todo tipo.

leyes, ávido de poderío incluso después de la visita de Platón,[40] ávido de vivir después de haber sido exiliado: a unos los quemará, a otros los azotará; a algunos por un delito insignificante los mandará a decapitar, se procurará hombres y mujeres para saciar su lujuria, y para las horribles hordas del desenfreno de la corte será poca cosa unirse sexualmente con dos personas a la vez. Has escuchado qué podría incitarte a viajar y qué podría disuadirte de hacerlo. ¡Ahora navega o quédate en casa!».

Si alguien dijera que sí está dispuesto a ir a Siracusa después de este anuncio, ¿po-

40.   Platón visitó Siracusa tres veces, inspirado por la convicción de que los males del hombre no terminarían hasta que los filósofos gobernaran o los reyes se hicieran filósofos. Las tres visitas de Platón a Siracusa terminaron desastrosamente: ni Dionisio I ni Dionisio II se dejaron convencer por él, y este a duras penas salvó su pellejo.

dría tener una queja justa, salvo contra sí mismo, puesto que no se topó por azar con esta realidad, sino que fue a ella avisado y a sabiendas? La naturaleza nos dice a todos: «No engaño a nadie. Si has engendrado hijos, estos podrán ser hermosos o deformes; quizás nazcan mutilados. Uno de tus hijos puede resultar ser salvador de la patria o su traidor. No hay razón para que pierdas la esperanza de que gozarán de tan buena reputación, que nadie se atreva a criticarte a causa de ellos, pero ponte también en el escenario de que será tanta su indecencia que ellos serán una infamia en sí mismos. Nada impide que ellos te rindan los últimos honores y que tú seas elogiado por ellos, pero prepárate como si fueses a depositar sobre la pira a un niño, un joven o un viejo: la edad no importa, porque no existe un funeral que no sea prematuro cuando los padres lo presiden». Si tienes hijos después de estas condiciones acordadas, te liberas del rencor contra los dioses, porque no se han comprometido a nada seguro.

XVIII

[La vida humana con sus mil maravillas y desgracias]

Apliquemos esta imagen a la entrada de un hombre de la vida. A ti, que te debatías si debías visitar Siracusa, te expuse lo que te podía agradar y lo que te podía disgustar. Imagínate que vienes a pedirme consejo cuando vas a nacer. Esto te diría: «Vas a entrar a una ciudad que es común a dioses y hombres, ciudad que abarca todas las cosas, sujeta a leyes fijas y eternas, en donde los astros giran cumpliendo incansablemente su función. Allí verás incontables estrellas brillando en distintos puntos, verás también un astro que lo llena todo: es el sol, que en su recorrido cotidiano marca la duración del día y la noche y divide el año en veranos e inviernos de igual duración. Verás a la luna suceder al sol durante la noche, con su luz tenue y apacible, recibida del trato con su hermano el sol, a veces oculta, a veces alzándose sobre la tierra con su cara completa, cambiando de fase y siempre distinta de la noche anterior. Verás a los cinco planetas recorriendo caminos diversos en sentido contrario al movimiento del cielo: de los movimientos ligeros de los planetas depende la fortuna de los pueblos, y las cosas más importantes como las más insignificantes son determinadas al son de un planeta benigno o maligno. Admirarás las nubes que se aglomeran, las lluvias que caen, los oblicuos rayos y el estruendo del firmamento. Cuando te hayas saciado del espectáculo del cielo y dirijas tus ojos hacia la tierra, otra belleza, admirable a su manera, te hechizará: por allí una planicie que se extiende por campos infinitos, por allá las montañas que se yerguen con sus cumbres nevadas hacia el cielo, riachuelos que descienden, ríos torrenciales que fluyen de una sola fuente hacia Oriente y Occidente, bosques que florecen en las cimas más altas y cientos de forestas con sus animales y sus disonantes conciertos de pájaros; los distintos emplazamientos de las ciudades, los pueblos aislados por estar en lugares inaccesibles: unos escondidos en lo alto de los montes, otros rodeados por riveras, lagos, valles y pantanos,[41] la cosecha cargada de frutos, árboles que dan frutos sin agricultor,

41.   La tradición manuscrita ofrece un texto incierto. Sigo a Alfonso Traina, que conjetura *aliae rivis lacu vallibus palude circumfunduntur*.

el suave curso de los arroyos por los prados, las encantadoras bahías y playas que forman un puerto, tantas islas dispersas por el vasto océano, adornando el mar con su aparición. ¿Y qué hay del fulgor de las piedras y joyas, el oro que brilla entre las arenas de rápidas corrientes y las columnas de fuego que surgen de la tierra e incluso del mar, y el Océano, que ciñe a la tierra cortando la continuidad de los pueblos con tres golfos e inmensas mareas?[42] Verás aquí animales más grandes que los terrestres nadando en aguas inquietas, con oleajes sin viento, algunos pesados que se mueven con ayuda de otros,[43] otros ágiles y más rápidos que los

---

42. El Océano es concebido aquí como una gran masa de agua que corta la tierra formando tres «golfos» (presumiblemente el Mar Mediterráneo, el Mar Rojo y el Mar Persa).

43. Según Plinio el joven, las ballenas eran a

remeros, unos que se tragan las olas y las escupen, causando un gran peligro a los que pasan navegando. Verás naves que exploran tierras desconocidas. Verás que no hay nada no intentado por la audacia humana, y serás al mismo tiempo espectador y parte de los que emprenden cosas grandiosas: aprenderás y enseñarás artes que mantienen la vida, otras que la adornan, otras que la gobiernan. Pero allí también habrá miles de desgracias para las almas y los cuerpos, guerras, saqueos, venenos, naufragios, inclemencias del tiempo y del cuerpo, añoranza punzante de tus seres queridos y la muerte, que no sabes si llegará de forma natural o mediante torturas y castigos. Medita contigo mismo y sopesa bien lo que deseas:

---

veces guiadas por un pequeño pez que les «servía de ojo» cuando estas no podían ver; véase *Historia Natural* IX, 186.

para llegar a las cosas maravillosas, has de pasar por las dolorosas». Responderás que sí, que aceptas entrar a la vida, ¿cómo no? Creo que elegirás entrar en ella, aunque haya dolor.[44] Vive entonces como has pactado. «Pero nadie nos consultó si queríamos vivir». Nuestros padres fueron consultados sobre nosotros cuando, conociendo cuál es la condición de la vida, nos engendraron a ella.

XIX

[Más argumentos consolatorios]

Pero para volver a los consuelos, veamos en primer lugar qué hay que curar y en se-

---

44.   El texto latino que nos ha llegado de los manuscritos es poco claro. Tomo la sugerencia de Gertz que conjetura «volens» en vez de «non»: la frase queda así: *ad id accedens volens ex quo aliquid tibi decuti doles* (véase F. Tutrone, *Healing Grief. A Commentary on Seneca's Consolatio ad Marciam*, Berlín, De Gruyter, 2023, p. 190).

gundo lugar cómo hay que hacerlo. Al que está de luto lo aflige la añoranza de quien amaba. Pero esto es algo soportable en sí mismo, pues ni lloramos a los ausentes ni a los que estarán ausentes mientras viven, aunque carezcamos de trato con ellos por no verlos.[45] Por lo tanto, es la creencia lo que nos atormenta, y el mal es tan grande como nosotros lo hemos tasado. El remedio está en nuestro poder: pensemos que ellos

45. La ausencia de la persona amada no implica luto, pues soportamos fácilmente la ausencia cotidiana de todos nuestros seres queridos. Lo que nos aflige en el luto, dice Séneca, es la creencia de que ellos han desaparecido *definitivamente*, pero esto es una creencia falsa, pues lo que se disuelve con la muerte —sostiene Séneca— no es la persona, sino su cuerpo (cf. *Ad Marciam* XXIV). Por eso tenemos que pensar (aunque sea en contra de nuestras ideas más arraigadas) que en realidad la muerte se parece a una despedida momentánea.

están ausentes y engañémonos a nosotros mismos. Pensemos que simplemente nos hemos despedido de ellos; o, mejor dicho, que nos hemos despedido anticipadamente y los seguiremos.

Pero otra idea perturba al que está de luto: «¡No habrá quién me proteja, quién me vengue de las afrentas!». Contra esta creencia utilizaré un consuelo poco recomendable, pero verdadero: en nuestra ciudad el haber perdido hijos da más beneficios que los que quita, y la soledad, que antes solía arruinar a la ancianidad, hoy le da poder, hasta el punto de que algunos simulen odiar a sus hijos, los rechacen con juramentos y se fabriquen una soledad artificial.[46]

46. Referencia crítica a la práctica de ciertos ancianos romanos que rechazaban a sus hijos (esto es, optaban por una soledad artificial) para ser objeto de cortejo de los caza-herencias (*captatores*), hombres más

Sé lo que vas a decir: «No son mis propios perjuicios lo que me aflige». En efecto, no es digno de recibir consuelo quien sufre por la muerte de un hijo como si fuera la muerte de un simple esclavo, o quien ve en el hijo a algo distinto del hijo mismo. ¿Qué es entonces lo que te perturba? ¿Que tu hijo haya muerto o que no viva más? Si es lo primero, siempre debiste haberte dolido, pues siempre supiste que iba a morir. Piensa que ninguna desgracia afecta a los difuntos, que los terribles infiernos no son más que una fábula, que ninguna oscuridad espera a los muertos, ninguna cárcel, ningún río hirviendo de fuego, ni el riachuelo del Olvido,[47] ningún tribunal, ningún preso, ni

---

jóvenes que lisonjeaban ancianos próximos a morir a cambio de herencias.

47.   Según la mitología antigua, en el inframundo existía un arroyo, o simplemente un lugar,

hay tiranos de nuevo gobernando en aquella libertad tan plena.[48] Todas estas cosas las inventaron los poetas, quienes nos han turbado con vanos terrores.

La muerte es la liberación total de los dolores y la frontera que nuestros males no pueden cruzar; la muerte es lo que nos devuelve a aquella tranquilidad en la que vivíamos antes de nacer. Si alguien se compadece de los muertos, que se compadezca también de los que no han nacido. La muerte no es en sí misma ni un bien ni un mal. En efecto, solo algo existente puede ser bueno o malo, pero lo que no es nada

_____

llamado Leteo (en griego *léthe* significa «olvido»), en donde las almas olvidaban sus experiencias pasadas.

48.   Referencia a los mitos sobre la vida en el inframundo, donde gobiernan Hades y Perséfone y hay tribunales encabezados por semidioses como Minos, Radamanto y Éaco.

y aniquila todo no nos deja a merced de la fortuna: en efecto, los bienes y los males se dan en una realidad material.[49] La fortuna no puede ejercer influjo sobre aquello que la naturaleza disolvió. Tu hijo traspasó las fronteras del país de la esclavitud y ha sido recibido como huésped por una paz grande y eterna. Allí no lo ataca el miedo a la pobreza, la preocupación de las riquezas y los aguijones del placer que destruyen el alma. No es tocado por la envidia al éxito ajeno ni asediado por la envidia al éxito propio;

49.   El argumento de Séneca es el siguiente: la muerte no puede ser una realidad mala, pues ni siquiera es una *realidad*. Toda realidad, piensa el estoico Séneca, es corpórea, puesto que solo lo corpóreo existe (en términos estoicos, existir es ser capaz de actuar y recibir una acción). La muerte, por el contrario, no es un cuerpo ni algo que subsista de un cuerpo, sino simplemente un «paso» de un estado a otro, un momento más del devenir del cosmos.

ni siquiera sus recatados oídos serán perturbados por insulto alguno. No existe el temor de ninguna matanza pública ni privada. No hay preocupaciones por un futuro que siempre promete algo más incierto. En suma, permanece en un lugar donde nada lo perturba, nada lo aterroriza.

XX

[Elogio de la muerte]

¡Oh, hombres ignorantes de sus desgracias, que ni alaban ni esperan a la muerte como el mejor descubrimiento de la naturaleza! La muerte incluye a la felicidad o excluye a la calamidad, da término a la saciedad y al cansancio del viejo, corta la juventud en plena flor mientras se esperan cosas mejores o detiene a la infancia antes de las etapas más duras, es el fin de todos, remedio para muchos, deseo para algunos, y nadie la merece más que aquellos que murieron antes de invocarla. La muerte libera al esclavo sin la anuencia del amo, rompe las cadenas del prisionero, saca de la cárcel a quienes un poder despótico retenía. La muerte muestra a los exiliados, que siempre dirigen su mente y sus ojos a la patria, que no importa nada bajo qué tierra uno ponga los pies; ella iguala todo allí donde la fortuna repartió mal las cosas comunes y subordinó unos a otros pese a que habían nacido con igualdad de derechos. Después de la muerte nadie hace nada por capricho ajeno, nadie percibe su origen humilde, ella está disponible a todo el mundo. Ella es lo que quiso tu padre, Marcia. Ella es, te lo aseguro, lo que hace que nacer no sea un suplicio, lo que hace que yo no colapse ante las amenazas de futuras calamidades y pueda conservar mi alma a salvo y en posesión de sí misma: en efecto, tengo un último recurso para apelar.[50]

Veo en este mundo las torturas que ni siquiera son de una clase, sino que han sido diseñadas diversamente por distintos autores: algunos de los torturados son colgados con la cabeza a tierra, otros son atravesados con un palo en sus partes íntimas, mientras que otros extienden sus brazos en el patíbulo. Veo flagelos, látigos, y cada instrumento fue confeccionado con un mecanismo especial. Pero también veo a la muerte. En esta vida hay enemigos crueles, ciudadanos insolentes: pero también veo aquí a la muerte. No

50.   La muerte aparece aquí no solo como el destino inexorable que acabará con todos los dolores y calamidades de esta vida, sino también como un recurso que está a la mano (esto es, el suicidio) en caso de que vivir virtuosamente no sea posible (como en el caso de Cremucio Cordo).

es desagradable ser esclavo allí donde es posible, si no se está a gusto, lograr la libertad dando solo un paso. ¡Te aprecio, oh vida, por el beneficio de la muerte!

Piensa cuánto bien tiene una muerte oportuna y a cuántos ha dañado el haber vivido demasiado tiempo. Si a Cneo Pompeyo, gloria y pilar del Imperio, la salud lo hubiese abandonado en Nápoles, él hubiese muerto como el príncipe indisputado del pueblo romano.[51] Pero una mínima adición

51.   Pompeyo el Grande (106-48 a. C.) enfermó gravemente en Nápoles, dos años antes de la batalla de Farsalia. Después de ser derrotado allí duramente por Julio César, huyó a Egipto buscando el amparo del joven rey Tolomeo XIII, quien le debía protección. Sin embargo, la comitiva enviada por Tolomeo para recibir a Pompeyo (simples *satellites*, «sirvientes») lo asesinó y lo decapitó. Se narra que cuando Julio César recibió la cabeza de Pompeyo, rompió a llorar de rabia y mandó castigar con la muerte a los responsables del

de tiempo lo derribó de su cima: presenció con sus propios ojos a las legiones aniquiladas y él mismo sobrevivió como general (¡qué tristes supervivientes!) a aquella batalla en que la primera línea era el Senado. Vio al verdugo egipcio y entregó su cuerpo, que era sagrado para los vencedores, a un simple sirviente; incluso si hubiese quedado indemne, hubiese lamentado haber sido salvado, pues ¿qué cosa podría ser más vergonzosa para un Pompeyo que vivir gracias a la protección de un rey? Si Cicerón hubiese caído en aquella época en que evitaba los puñales de Catilina, dirigidos contra él y contra la patria al mismo tiempo; si, después de liberar a la República él, su salvador, hubiese seguido el cortejo fúnebre de su hija, entonces habría podido morir dichoso: se

asesinato tan infamante de quien había sido un digno enemigo (y cuñado).

hubiera ahorrado ver las espadas blandidas sobre las cabezas de los ciudadanos y las propiedades distribuidas entre los asesinos de las víctimas (quienes morían a sus propias expensas), la venta de los expolios, la masacre, los robos a vista de todos, las guerras, los saqueos, y tantos otros Catilinas.[52] ¿Y si

52. Cicerón (106-43 a. C.) vivió su momento de mayor gloria política tras vencer a Catilina y ser declarado «padre de la patria» por el Senado (año 63 a. C.). Tulia, su hija, murió el año 45 a. C. Séneca piensa que Cicerón hubiese muerto más oportunamente en cualquiera de esas dos ocasiones, porque lo que vino después del año 45 fue una catástrofe: las proscripciones de Julio César, la confiscación arbitraria de bienes, las *vendettas* privadas, la proliferación de políticos violentos («Catilinas»), y el propio asesinato de Cicerón a manos de los sicarios de Marco Antonio. Esta idea no es original de Séneca, pues es el mismo Cicerón el que piensa, al final de su vida, que hubiese muerto oportunamente antes de la muerte de su hija Tulia y de su exilio político bajo Julio César (*Disputas*

el mar hubiera devorado a Marco Catón, que volvía de Chipre encargado de la herencia real, o si el mar hubiera devorado el mismo dinero que traía como financiamiento para la guerra civil, ¿no hubiese sido bueno para él? Al menos se hubiera llevado este bien consigo: que nadie se habría atrevido a obrar mal frente a Catón. La adición de poquísimos años forzó a este hombre, nacido no solo para la libertad propia sino para la de la República, a alejarse de César y hacerse partidario de Pompeyo.[53]

Tusculanas I, 84).

53.   Marco Catón (95-46 a. C.) fue un destacado político y militar romano, descendiente de Catón el Censor, y férreo enemigo de Julio César. Según Séneca, Catón habría muerto oportunamente en el año 58 a. C., cuando el Senado le encargó anexionar Chipre a Roma (supuestamente ejecutando la herencia del rey Tolomeo XI Alejandro II). En el año 49 a. C. Julio César saqueó el templo de Saturno para costear

En conclusión: la muerte prematura no le conllevó ningún mal: eliminó, de hecho, el padecimiento de todos los males.

XXI

[Meditación sobre el tiempo y la eternidad]

Podrás decir: «Pero Metilio pereció demasiado rápido y prematuramente». En primer lugar, piensa que le quedaban…, vamos, imagina la mayor cantidad de tiempo que puede recorrer el ser humano. Nacidos para un tiempo brevísimo, nosotros miramos este hospedaje impuesto que prontamente le cedemos a los que vienen después. Hablo de nuestras edades, que manifiestamente se

---

la guerra civil contra Pompeyo. En ese botín se encontraban las riquezas que Catón había traído hace mucho tiempo desde Chipre. Catón se suicidó estoicamente en la ciudad de Útica en el año 46 a. C., decidido a no vivir bajo el yugo de Julio César.

suceden con increíble celeridad. Cuenta los siglos de las ciudades y verás que no poseen tanta antigüedad como para gloriarse demasiado. Todas las cosas humanas son breves y caducas, y ocupan una parte insignificante del tiempo infinito. Si comparamos la tierra con sus ciudades, pueblos, ríos y el abrazo del mar con el universo, veremos que es un mero punto. Nuestra edad tiene un tamaño menor a un punto si la comparamos a la totalidad del tiempo, cuya duración es mayor que la del mundo, puesto que el mundo retorna una y otra vez dentro del espacio del tiempo. Entonces, ¿qué sentido tiene extender el tiempo, si por más que lo hagamos apenas nos alejaremos de la nada? Hay una sola manera de que vivamos mucho: si vivimos lo suficiente.[54] Si me nom-

54. En su obra *La brevedad de la vida*, Séneca elabora más en profundidad la idea de que «vivir mu-

bras a hombres longevos, cuya ancianidad es recordada por la historia, no contarás más de 110 años. Pero cuando pienses en la totalidad del tiempo e inspecciones cuán grande es el espacio de tiempo que vivió y lo comparas con el espacio en que no vivió, verás que la diferencia entre un lapso ínfimo de tiempo y uno larguísimo es nula. Además, tu hijo murió maduro. En efecto, vivió lo que debió vivir: ya no le quedaba nada más por alcanzar.

[Meditación sobre el destino]

No existe una sola vejez para los hombres, y ni siquiera para los animales: algunos de

---

cho» no tiene que ver con la cantidad (días, meses, años) vivida sino con la calidad. Quien vive mucho, señala Séneca, es el que aprovecha bien el tiempo invirtiendo su vida en la virtud y la sabiduría en vez de malgastarla en vicios y ocupaciones ociosas.

ellos se extenúan a los 14 años, y para ellos es una edad larguísima lo que para el ser humano es la primera edad. A cada cual se le ha dado una capacidad distinta para vivir. Nadie muere demasiado pronto, porque no iba a vivir más de lo que vivió. El término está ya fijado para cada uno, siempre permanecerá donde fue puesto y ningún esfuerzo humano o favor divino lo moverá hacia adelante. Ten esto por cierto: has perdido a tu hijo según un plan. Él tomó lo suyo y

llegó a la meta señalada de su vida.[55]

No hay razón para que te atormentes con este pensamiento: «¡Pero pudo haber vivido más tiempo!». Su vida no fue interrumpida, y la casualidad jamás se interpone entre los

55.   Virgilio, *Eneida* X, 472.

años. Se paga lo que se le ha prometido a cada cual: el destino recorre su camino y no añade ni quita nada de lo prometido una vez. Los esfuerzos y los ruegos son en vano, pues cada cual obtendrá el lapso de vida que el primer día le asignó. Desde aquel instante en que cada cual vio la luz por primera vez, entró al camino de la muerte y se acerca a su destino: y los mismos años que se añaden a la juventud son los que se quitan de la vida. Todos estamos en el error de pensar que nos acercamos a la muerte solo cuando somos ancianos y encorvados, cuando en realidad ya la infancia, la juventud y toda edad nos lleva a ella. El destino cumple con su deber: nos arrebata la sensación de que somos ejecutados, y para acercarse sin ser vista, la muerte se esconde bajo el mismo nombre de «vida»; la infancia se transforma en niñez, la niñez en pubertad, el viejo se lleva consigo al joven. El mismo desarrollo, si lo piensas bien, es un deterioro.

XXII

[La muerte prematura como un bien]

Te lamentas, Marcia, de que tu hijo no haya vivido tanto como hubiese podido. Pero ¿cómo sabes si le correspondía vivir más, o si en realidad esta muerte no fue ventajosa para él? ¿Puedes encontrar a alguien hoy cuya situación esté tan asegurada y afianzada que no deba temer nada del porvenir? Las cosas humanas se tambalean y fluyen, y la fase más débil o enclenque de nuestra vida es la más placentera. Por eso, los más afortunados han de desear la muerte, porque en un vaivén y un caos tan grandes solo lo que ya sucedió es seguro. Tu hijo conservó su hermoso cuerpo libre de las miradas de una ciudad desenfrenada gracias a una esmerada custodia del pudor. Pero ¿quién te garantiza que podría haber evitado tantas enfermedades y conservar intacto el garbo de su belleza hasta la vejez? Piensa en las mil debilidades del alma; ni las mentes justas han podido mantener hasta la vejez la esperanza que tenían sobre sí mismas en la juventud, sino que muchas veces se pervirtieron: o los embargó una lujuria tardía (y por ello mismo más vergonzosa) que corrompió los magníficos inicios, o bien se entregaron a la taberna y a la gula, transformando en su mayor preocupación qué comer y qué beber. Añade los incendios, los derrumbes, los naufragios, las heridas que infligen los médicos que sacan los huesos de los pacientes vivos, meten las manos enteras en sus vísceras y curan las partes íntimas mediante dolores no pequeños. Piensa después en el exilio:

tu hijo no fue más inocente que Rutilio. Después piensa en la cárcel: tu hijo no fue más sabio que Sócrates. En el pecho traspasado por una herida voluntaria: no fue más íntegro que Catón.[56] Cuando hayas analizado estas cosas, te darás cuenta de que los hombres a quienes la naturaleza ha tratado mejor son los que ella ha acogido rápidamente en su protección, porque este

56. Publio Rutilio Rufo (160 a. C.) fue un destacado político, orador y militar romano, adepto del estoicismo. Como legado en Asia, Rutilio denunció la corrupción de los publicanos. Producto de esta denuncia, fue acusado y condenado injustamente al exilio en Esmirna. Sócrates (470-399 a. C.) fue el insigne filósofo ateniense que, en palabras de Cicerón, «hizo bajar a la filosofía desde el cielo, la colocó en las ciudades, la introdujo también en las casas y la obligó a ocuparse de la vida y de las costumbres, del bien y del mal» (*Disputas Tusculanas* V, 10). Los estoicos se consideraban seguidores de Sócrates. Sobre Catón de Útica, véase la nota 53, p. 129.

era el servicio militar de la vida que se esperaba de ellos. No hay nada tan engañoso como la vida humana, nada tan traicionero. ¡Por Hércules, solo los ignorantes habrían sido capaces de aceptarla![57] Por consiguiente, si lo más afortunado es no haber nacido, lo más afortunado después de esto, pienso, es morir tras una corta edad y ser restituidos a nuestra condición original.[58]

57.   Aquí Séneca parece contradecirse con lo dicho más arriba (*Ad Marciam* XVIII), donde se dice que nuestros padres han elegido conscientemente que nosotros entremos en la vida. Tutrone sugiere que el dativo *ignorantibus* sea reemplazado por *parentibus*. Si seguimos esta conjetura, la frase quedaría así: «¡Por Hércules, solo los padres habrían sido capaces de aceptarla!». Sin embargo, el término *ignorantibus* logra que la frase siguiente (que comienza con un *itaque:* «por consiguiente») tenga sentido.

58.   Esta frase recoge el tópico que ha sido bautizado como «pesimismo griego», y que aparece en la poesía, en la historia y en la filosofía grecorromanas.

[Recuerdo de las desgracias
de Cremucio Cordo]

Recuerda aquella época tan dolorosa para ti en la que Sejano entregó a tu padre como dádiva a su cliente Satrio Segundo.[59] Este estaba furioso con tu padre por uno u otro comentario expresado con franqueza, pues tu padre no podía tolerar en silencio que Sejano nos pusiese bajo su yugo, o peor aún, que se montara sobre nosotros. Se

---

Expresa la percepción, compartida por muchas culturas a lo largo de diferentes épocas, de que la existencia humana está inexorablemente ligada al sufrimiento, y que por lo tanto o bien es deseable salir de ella o bien su sentido se halla en la vida *post mortem*.

59.   Satrio Segundo es uno de los «secuaces de Sejano» aludidos antes (*Ad Marciam* I). Que Sejano le haya entregado a Cordo como «dádiva» (*congiarium*) quiere decir que les entregó la posibilidad de delatarlo y con eso la posibilidad de una cuantiosa recompensa.

deliberaba en ese momento si acaso erigir una estatua de él en el Teatro de Pompeyo, que César había reconstruido después de su incendio. Tu padre Cordo exclamó que ahora sí el teatro iba a desaparecer. ¿Cómo no iba a reventar de ira al ver que se erigía una estatua de Sejano sobre las cenizas de Pompeyo y se le hacía una apoteosis a un soldado traidor sobre los monumentos dedicados al mejor general?[60] Se presenta la acusación y los perros salvajes de Sejano —que él alimentaba de sangre humana y

60. Los restos de Pompeyo el Grande estaban en el teatro construido por él mismo (y a sus expensas) durante su consulado en el año 55 a. C. El teatro fue destruido por un incendio en el año 22 a. C. Tiberio César mandó restaurar el teatro y alabó públicamente a Sejano por haber combatido diligentemente el incendio. A causa de este elogio del emperador, el Senado determinó erigir una estatua de Sejano, lo que provocó el sarcasmo de Cremucio Cordo.

que solo junto a él estaban mansos pero que atacaban fieramente al resto— comienzan a ladrarle a un hombre que permanece impasible aún en aquel peligro.[61] ¿Qué debía hacer? Si quería vivir, tenía que rogarle a Sejano; si morir, a su hija.[62] Pero ambos eran inflexibles ante los ruegos. Entonces optó por engañar a su hija. Se dio un baño para disminuir sus fuerzas, se dirigió a su cuarto como si fuese a tomar un bocado, y después de despedir a los sirvientes, tiró algunos restos de comida por la ventana,

61. El texto latino está corrupto. De las numerosas conjeturas ofrecidas (que apuntan a caracterizar la imperturbabilidad de Cremucio Cordo), hemos seguido la de Traina: *etiam illo in periculo imperturbatum.*

62. Cremucio Cordo no quiere pedirle a Sejano que le perdone la vida ni pedirle su propia hija que le dé muerte, pues sabe que ambas peticiones no se cumplirán.

para fingir que había comido. Después se abstuvo de cenar con el pretexto de haber comido suficientemente en su cuarto. Hizo lo mismo al segundo y al tercer día. Al cuarto día su mala salud se hacía patente. Entonces te abrazó y te dijo: «Querida hija, en mi vida te he ocultado solo esto: he entrado en la senda de la muerte y ya estoy casi a medio andar. No debes ni puedes hacerme volver atrás». Y así ordenó cerrar todas las entradas de luz y se sepultó en la oscuridad. Al conocerse su decisión, la gente se alegró con júbilo, pues la presa había evitado las fauces de los lobos voraces. Pero los acusadores, instigados por Sejano, se presentaron ante el tribunal de los cónsules; acusaron a Cordo de suicidarse para impedir la obra que habían comenzado… ¡hasta tal punto sentían que Cordo se les escapaba! Era un gran asunto el que se discutía: si acaso podían quitarle el derecho a morir del acusado. Mientras se deliberaba, mientras los acusadores de nuevo arremetían con la acusación, Cordo se absolvió.[63] ¿Ves, Marcia, cuántas calamidades nos sobrevienen inesperadamente en los tiempos malos? Lloras porque a uno de tus seres queridos lo obligaron a morir: ¡pero a otro casi no se lo permitieron!

XXIII

[La muerte prematura como un bien]

Además de esto, piensa que todo porvenir es incierto —aunque con más certeza se dirige hacia algo peor— y que el camino hacia los dioses es muy fácil para las almas

63. La «absolución» (*absolutio*) de Cremucio Cordo se entiende tanto en sentido jurídico (se declaró inocente) como en sentido existencial: se liberó de esta vida.

que abandonan rápidamente el trato con los hombres: en efecto, cargan con un peso mínimo de impurezas. Liberadas antes de endurecerse y de infectarse demasiado con las cosas terrenas, retornan volando ligeras hacia su lugar de origen y con mayor facilidad lavan todo lo que esté viciado y embadurnado. Para las mentes grandes jamás ha sido grata la estadía en el cuerpo. Desean ansiosamente salir y precipitarse fuera, padecen con desagrado estas estrecheces, pues están acostumbradas a recorrer el universo y despreciar los acontecimientos humanos desde lo alto. De ahí que Platón afirme que el alma del sabio se inclina enteramente hacia la muerte: la quiere, se ejercita en ella, siempre arde en deseos de salir del cuerpo.[64]

64. Aquí Séneca retoma una serie de doctrinas de origen pitagórico-platónico, pero dentro de un marco general estoico. En el diálogo *Fedón*, Platón

¿Y qué dices tú? Marcia, cuando veías la sabiduría de un viejo en un joven, el alma que vencía a todos los placeres, sin tacha, carente de vicios, que buscaba la riqueza sin avaricia, los honores sin ambición, los placeres sin libertinaje, ¿acaso pensabas que aquello podía permanecer incólume por mucho tiempo? Todo lo que llega a la cima está cerca de su fin. La virtud per-

---

caracteriza al filosofar como una «meditación (o ejercitación) sobre la muerte» (*meléte thanátou*; 64a, 67d-e) y a los verdaderos filósofos como «hostiles al cuerpo», pues este es una carga pesada que arrastra al alma hacia el «ámbito visible» (*Fedón* 67e; 81c). En el estoicismo, sin embargo, el alma no es una entidad sustancialmente distinta del cuerpo, sino un tipo de cuerpo más sutil (el *pneuma* o hálito vital está compuesto de aire y fuego, o simplemente es fuego) cuya vuelta a su «origen divino» ha de entenderse no en sentido metafísico, sino físico: el hálito vital se refunde con el cosmos.

fecta rehúye la vista y escapa de ella, y las cosas que maduraron al comienzo no esperan hasta la última estación. Mientras más llameante brille el fuego, más rápido se extingue; pero el fuego que dura más es aquel que consume un combustible malo y reacio, tirando un humo pesado y sucio. La misma causa que frena la combustión es la que la alimenta mezquinamente. Así también sucede con las mentes: mientras más ilustres, más breves, pues cuando no hay lugar para el crecimiento, el ocaso está cerca. Fabiano relata, y nuestros padres también lo vieron, que en Roma había un niño de una estatura gigantesca, pero murió rápidamente, y nadie dijo algo descabellado al afirmar que este niño iba a morir pronto.[65] En efecto, no podía llegar

65.   Papirio Fabiano (aprox. 35 a. C.-35 d. C.) fue un retórico, filósofo y naturalista romano, maestro de

a aquella edad que había alcanzado anticipadamente. Así es: la madurez excesiva es indicio de una muerte inminente. Ella desea el fin cuando el crecimiento ya llegó a su término.

XXIV

[Elogio de Metilio]

Comienza entonces a valorarlo por sus virtudes, no por sus años: vivió lo suficiente. Siendo un niño huérfano de padre, estuvo bajo el cuidado de tutores hasta los 14 años y siempre bajo la tutela de su madre.[66] Pese

---

Séneca y de su padre. Séneca lo nombra en muchas de sus *Cartas a Lucilio* (40, 12; 58, 6; 100, 12).

66. Por este pasaje sabemos que Marcia enviudó a temprana edad. De acuerdo con las leyes romanas, un huérfano tenía que estar bajo la protección de un tutor hasta la adolescencia. Séneca afirma aquí que la tutela de Metilio fue doble: por una parte, una tutela masculina hasta los 14 años y una femenina (de

a tener sus propios penates, no quiso abandonar los tuyos y siguió viviendo bajo tu techo, a esa edad en que los hijos a duras penas soportan vivir bajo el techo paterno.[67] Siendo joven, aunque por estatura, belleza y fuerza física nacido para la vida militar, decidió no ingresar al ejército para permanecer a tu lado. Marcia, calcula cuán poco ven a sus propios hijos quienes habitan en casas distintas; piensa en todos los años que pierden las madres afligidas por la ansiedad cuando sus hijos están en el ejército: te darás cuenta de que pasaste un gran tiempo sin perder nada. Jamás se alejó de tu presencia, y bajo tu atenta mirada desarrolló las inclinaciones de su espíritu excepcional,

Marcia) que duró hasta la muerte de Metilio.

67. Los dioses penates eran las divinidades domésticas heredadas desde el lado paterno. Por metonimia significan el hogar, la casa (por el lado paterno).

que iba a igualar al de su abuelo, si la modestia —que relega al silencio el talento de muchos— no lo hubiese frenado.

Siendo un joven de una belleza inusual, en medio de tan enorme turba de mujeres que corrompen a los varones, no cedió ante ninguna de sus insinuaciones, y cuando la desvergüenza de algunas llegó hasta el punto de tentarlo, él se sonrojó, como si el hecho de agradar físicamente fuese en sí mismo una falta. Esta rectitud moral hizo que siendo aún un niño pareciera apto para el sacerdocio; sin duda con el voto favorable de su madre, pero ni siquiera la influencia de madre podría haber ayudado a un candidato que no fuese bueno.[68]

68. Metilio fue hecho sacerdote a temprana edad, según Séneca, a causa de sus méritos morales y ayudado por el «voto favorable» (en el sentido de intercesión, *suffragatio*) de Marcia, quien era amiga

¡Que la contemplación de sus virtudes te haga tenerlo, por así decirlo, en tus brazos! Ahora es que lo tienes más a tu disposición, ahora nada lo podrá apartar de ti; nunca te dará preocupaciones o te hará sentir congoja. Ya te doliste de lo único que podías dolerte de un hijo tan bueno; todo lo demás, hallándose fuera del poder de la fortuna, es fuente de alegrías si sabes disfrutarlo, si comprendes qué era lo más preciado en él.

[La vida de Metilio después de la muerte]

Tan solo la imagen de tu hijo pereció, fue su copia extremadamente disímil la que murió: su estado ahora es eterno y mejor que el anterior, despojado de las cargas ajenas y dejado a solas consigo mismo. Todo lo que

---

íntima de Livia, la esposa del emperador Augusto.

ves que nos envuelve, como los huesos, los nervios, la piel que nos cubre, nuestra cara, nuestras ayudantes las manos y todo lo que nos ciñe, son en realidad cadenas del alma y tinieblas. Por ellas el alma es arruinada, estrangulada, envenenada, apartada de la verdad, que es su ámbito propio, y arrojada a la falsedad. El alma, al estar unida a esta pesada carne, combate para que el cuerpo no la arrastre y la aplaste; intenta ascender desde donde fue hundida. Es allí donde le espera un descanso eterno, allí contemplará la realidad pura y diáfana, liberada de toda confusión y grosería.

XXV

Así pues, no hay razón para que vayas corriendo a la tumba de tu hijo. Lo que yace ahí en el sepulcro es su peor parte, la más molesta para él: huesos y cenizas, que no le pertenecen más que sus vestiduras y otros accesorios de su cuerpo. Él huyó entero, no dejó nada en esta tierra, salió completo. Después de pasar un breve periodo sobre nosotros, mientras se purgaba y se quitaba de encima los vicios y el orín todavía adheridos a su alma, se elevó hacia lo más alto, donde da vueltas entre las almas bienaventuradas. Ha sido recibido por una asamblea sagrada, una asamblea formada por los Escipiones, los Catones, hombres que desprecian la vida, hombres libres gracias al beneficio de la muerte, como tu padre, querida Marcia. Él toma consigo a su nieto —aunque allí todos son parientes con todos—, quien ahora disfruta una luz nueva. A él le enseña la órbita de los astros cercanos no desde las conjeturas, sino que lo guía hacia los secretos de la naturaleza como un experto que los conoce a ciencia cierta, y tal como un afable anfitrión le muestra las ciudades desconocidas a un huésped, así él le explica las causas de los fenómenos celestes, puesto que se trata de su propia morada. Lo exhorta a enviar un vistazo hacia las profundidades de la tierra, pues es un gozo observar desde lo alto las cosas dejadas allá abajo.

Por lo tanto, querida Marcia, compórtate como si estuvieras bajo los ojos de tu padre y tu hijo, no como los conociste, sino situados arriba, en lo más alto. Avergüénzate de pensar cualquier cosa ruin o baja y de llorar a tus seres queridos que se encuentran mejor. Ellos poseen las cosas eternas, y vagando por espacios libres y vastos, no son detenidos por los mares que se interponen, ni por la altura de los montes, ni por los valles inaccesibles ni las aguas peligrosas de las Sirtes: todo es llano para ellos, se pueden mover con ligereza, sin obstáculos, y son accesibles unos a otros al estar entremezclados con las estrellas.[69]

XXVI

[Prosopopeya de Cremucio Cordo: escatología cósmica]

Imagina entonces que tu padre, Marcia, quien tenía tanta autoridad sobre ti como tú tenías sobre tu hijo, te habla. Lo hace desde aquel alcázar divino, no con el talento que usó para deplorar las guerras civiles y

69. Las Sirtes eran dos bajos de arena en la costa de Libia, donde desde antiguo muchas naves solían naufragar. El estado *post mortem* del alma de Metilio, aunque descrito a veces con lenguaje platónico, expresa la doctrina estoica de que el alma es una realidad corporal (compuesta de aire y fuego o solo de fuego) que se separa del «cuerpo pesado» en el momento de la muerte y que retorna hacia las estrellas, cuya composición física es similar a la suya.

proscribir para siempre a los causantes de las proscripciones, sino con un talento aún más elevado, pues él mismo se halla ahora en una posición más excelsa.[70] Y así dice:

«¿Por qué, hija mía, se ha apoderado de ti una tristeza tan duradera? ¿Cómo ignoras tanto la verdad para pensar que se ha obrado injustamente con tu hijo, cuando en realidad sin menoscabo para su familia ni menoscabo para él mismo, fue recibido por sus antepasados? ¿Desconoces acaso que la fortuna perturba todas las cosas con innumerables tormentas? ¿Ignoras que solo se muestra generosa y benigna con aquellos que tienen el mínimo trato con ella? ¿Tendré que nombrarte a los reyes que hu-

70.   Como historiador perteneciente al bando republicano, Cremucio Cordo fue un crítico acérrimo en sus *Annales* de las proscripciones de Julio César y Marco Antonio.

biesen sido muy dichosos si la muerte los hubiera arrebatado antes de los males que los abrumaban? ¿A los generales romanos, cuya grandeza no se ve menguada si les quitas años de vida? ¿A hombres famosos e ilustres, que se salvaron de la muerte para recibir con la cabeza gacha el golpe de la espada a manos de la soldadesca?[71] Vuelve la mirada hacia tu padre y tu abuelo: este último fue entregado al capricho de un asesino extranjero; yo no le permití a nadie que dispusiera de mí, y absteniéndome de comer, mostré que viví de modo tan magnánimo como escribí.[72]

71. Alusión a Pompeyo y a Cicerón, dos grandes hombres que, de acuerdo con Séneca, hubiesen sido más afortunados si hubiesen muerto antes, en el cénit de sus vidas, y no bajo circunstancias infamantes (véase más arriba *Ad Marciam* XX).

72. No sabemos ni el nombre del abuelo de

»¿Por qué en nuestra familia se llora tanto tiempo al que muere del modo más dichoso? Todos formamos una unidad, y como no estamos rodeados por la oscuridad de la noche, podemos ver que no hay nada deseable, excelente y espléndido entre vosotros, como creéis, sino que allá abajo todo es vil, pesado, estrecho, y apenas vislumbra una mínima parte de nuestra luz. Aquí ningún arma se empuña contra otros en furiosa guerra, ni las flotas se despedazan entre sí, ni se planean ni piensan asesinatos a los familiares, ni los foros se llenan todos los días siempre del bullicio de los litigios, no hay nada secreto, las mentes están al descubierto, los corazones abiertos,

---

Marcia ni las circunstancias de su muerte. Probablemente se trata de un asesinato ocurrido durante las turbulentas guerras civiles de los últimos tiempos de la República.

la vida a vista de todos, todo el pasado y el porvenir develados.

»Yo me complacía en escribir los hechos de un solo siglo, en el último rincón del mundo y acaecidos entre poquísimos hombres, pero ahora puedo examinar tantos siglos, la serie tan extensa de épocas, la suma de todos los años: es posible echar un vistazo a los reinos que surgirán, a los que perecerán, a la caída de las grandes ciudades, a los nuevos cursos del mar. Pues si el destino común a todos puede ser un consuelo a tu dolorosa añoranza, ten esto presente: nada de lo que existe quedará en pie, la vejez lo cubrirá todo y se apoderará de todo. La fortuna no solo se divertirá con los hombres (pues esta es solo una pequeña fracción de su poder), sino también con los lugares, las regiones y las partes del mundo. Hundirá todos los montes y hará surgir nuevos peñascos en otro lugar, se tragará los mares, desviará los ríos, y tras romper la comunicación entre los pueblos, abolirá la sociedad y la unión del género humano; en otro lugar hará desaparecer las ciudades bajo inmensas grietas, agitará la tierra con terremotos y emitirá un hálito pestilente desde sus entrañas, cubrirá con inundaciones y hará perecer a todo ser viviente sumergiendo a la tierra, y quemará e incendiará toda realidad mortal con fuegos formidables. Y cuando llegue el tiempo en que el mundo se extinga para renovarse, todas las cosas se destruirán con fuerza, los astros chocarán con los astros, la materia se quemará y todo lo que ahora brilla de manera ordenada arderá entonces con un solo fuego. También nosotros, almas bienaventuradas que participamos de lo eterno, cuando al dios le parezca crear de nuevo estas cosas que se desintegran, seremos una pequeña parte de aquel gigantesco incendio y seremos devueltos a los elementos primordiales».

¡Feliz tu hijo, Marcia, que ya conoce todas estas cosas![73]

73. El último ejercicio consolatorio de Séneca es la representación imaginativa de la conflagración (*ekpyrosis*) final del cosmos. De acuerdo con importantes pensadores estoicos como Zenón, Cleantes y Crisipo, el universo se destruirá completamente mediante la acción del fuego, el elemento más poderoso, a la que le seguirá una regeneración (*palingenesia*), y así sucesivamente. Aquí Cremucio Cordo describe también los desastres que preceden a la conflagración final, que se deben a la acción de restantes elementos, como el surgimiento de peñascos (tierra) las inundaciones (agua) y la aparición de miasmas (aire).